女性のビジネスマナー

パーフェクトブック

監修
ビジネスマナー講師
松本昌子

ナツメ社

はじめに

自分と気の合う仲間と一緒に過ごすことができた学生時代と違い、社会人になるとさまざまな価値観や考え方をもっている人たちと、一緒に仕事を進めていくことが重要となります。

ビジネスマナーとは、違う価値観をもった人たちと、お互い気持ちよく仕事を進めていくために必要となる〝相手を尊重する思い（気持ち）〟を形にしたものです。

多様性が求められる現代において、お互いの価値観を尊重し合うことは、今まで以上に求められています。そこで必要なのが、ビジネスマナーです。日々変化するビジネスシーンにおいて、自信をもって相手と向き合うための武器となります。しっかりと身につければ、今後キャリアを積み重ねていく中で、あなたを守ってくれることでしょう。

心強い味方になるビジネスマナーですが、マニュアルどおりに行っても、そこに相手を思いやる心がなければ、それはマナーとはいえません。単なるスキルとしてではなく、そのマナーが「何のために、必要なのか？」という背景を理解した上で、実践することが重要です。本書では、それぞれのマナーの必要性について「どうして必要？」の項目で紹介していますが、マナーの意味を知れば、その場にふさわしい立ち居ふるまいが自然とできるようになると思います。

本書でビジネスマナーの基本を学び、社会で日々実践していただくことで、自然なアプローチの習得を目指してください。

松本昌子

CONTENTS

Part 3 基本厳守！ 社会のルール&働き方

Part 4 イメージアップ！ あいさつ・敬語のマナー

Part 5 デキる人になる！ 伝達ツールのマナー

Part 6

失礼のない！来客応対&訪問のマナー

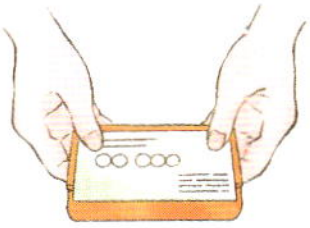

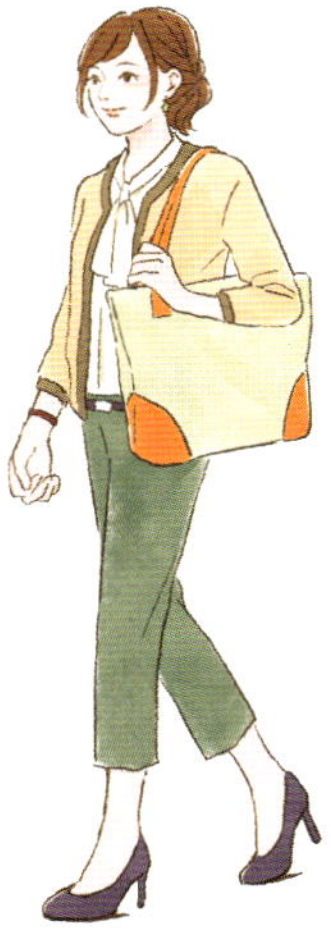

Part 7

身につけたい！仕事の自己管理力&コミュニケーション術

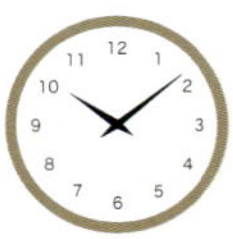

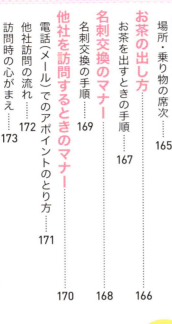

Part 8 困らない！ おつき合い＆食事のマナー

今どきどうなの？このマナー

マナーは、時代によって少しずつ変化している部分もあります。上司や先輩から教えられるマナーの中には、自分の感覚とはズレていることもあるでしょう。とはいえ、勝手な解釈で「必要ない」と切り捨ててしまうのは、自分にとってもプラスにはなりません。マナーの基本を理解して、対応していきましょう。

始業10分前にはデスクにいること

就業時間を守ればOK。10分ぶんの給与は出ないし……

始業時間は、集合時間とは違います。たとえば、10時出発とは出発時間で、集合時間ではありません。会社の始業時間はいわば出発時間。まずは、その違いを理解しておくことが大切です。

9時始業とは、9時に仕事がスタートできる状態であることを表します。つまり、パソコンを立ち上げる、今日の仕事の内容を確認するなどの準備は、その前にしておくべきことなのです。「10分前にはデスクに」というのは、その準備時間の目安。マナー以前の社会人の心がまえとして覚えておきましょう。

▶ 56ページ 出社から退社までのマナー

電話は鳴ったらすぐとる

新社会人の言い分

電話にすぐ出なくても問題ないと思うけど……

相手は急ぎで連絡をとるために電話をかけている場合があります。3回以上鳴らすと、留守と思われるかもしれません。かけた側の時間感覚は思っている以上に長いのです。会社の電話はビジネスチャンス。「留守かな？」と切られたら、チャンスをつかむことができません。

ただし、電話が鳴った途端など、あまりにも早くとると、相手の電話では呼び出し音が鳴っていないこともあり、びっくりさせてしまう可能性も。せめて1～2コールは待ってとりましょう。

▶ 114ページ 電話の受け方・取り次ぎ方

大きな声であいさつをする

新社会人の言い分

体育会系じゃあるまいし、大きな声でする必要ってあるかな

あいさつは、相手の心を開いて近づくという意味をもっています。ですから、相手に聞こえなければ意味がありません。大きく口を開き、相手の目を見て、お腹の底から声を出すイメージで、明るく大きな声で元気よくあいさつをしましょう。

ただし、あいさつをする相手のそばで、電話で話をしている人がいたり、打ち合わせをしたりしている場合は、声のトーンを落とす配慮が必要です。

▶ 86ページ あいさつのマナー

会社の飲み会も仕事のうち

新社会人の言い分

就業時間以外はプライベートな時間

確かに会社の飲み会の時間は、就業時間外のプライベートです。しかし、上司や先輩、同僚の経験談、仕事観、人生観などが聞けるほか、昼間にはわからなかった人柄を知ることができる貴重な場です。それらは自分の仕事のキャリアにプラスになります。飲めないのに、お酒を無理に飲んだりする必要はありませんが、たまには参加して、よりよい関係を築いていきましょう。

▶ 202ページ お酒の席でのマナー

遅刻や欠勤の連絡はメールではなく電話で

新社会人の言い分

部署の人に一斉メールしたほうが効率的なのでは?

メールは受信側がチェックしないと情報を伝えることができませんが、電話は連絡した時点で相手に伝わります。遅刻や欠勤は、周囲のサポートやフォローが必要になるため、緊急性があります。その点では電話が最適なのです。

なお、電車が駅の途中で止まってしまい、車内から電話がかけられない状態のときは、メールで状況と何時頃に到着するのかを送信します。そして最寄の駅に降り立ったら、電話で直接連絡をしましょう。

▶ 60ページ 遅刻・欠勤・早退をするとき

ビジネスではスマホではなく、腕時計で時間確認を

新社会人の言い分

時間チェックが腕時計って時代遅れ?

スマホは、時間を確認するツールではありません。ビジネスシーンでは、時間の確認は腕時計のほうがスマートです。また、スマホを打ち合わせ中に時間をチェックするために机に置いておくと、マナーモードにしてもメールが届いたときや、電話が鳴ったときにバイブレーター音が出てしまいます。少なくとも、自分のために時間をつくってくれている目の前の相手に失礼にならないようにしましょう。

▶ 45ページ ビジネスのマストアイテム

クレームに対してはすぐに謝ること

新社会人の言い分

こちらに落ち度がないときは、すぐに謝ったらダメなのでは?

クレームについては、まずお詫びの言葉を述べるのが基本。たとえ自分のミスでなくても、会社のミスかもしれません。少なくとも不愉快な思いをさせたことに対して、まずは「申し訳ありません」と述べましょう。ただし、「全て当社の責任です」と全面謝罪をすぐに言うのは禁物。お詫びの言葉を述べ、内容をメモし「担当者から折り返しご連絡いたします」と対応後、上司の指示を仰ぎます。

▶ 116ページ クレーム電話の対処法

Part 1

＼知っておきたい！／

社会人の心がまえ

社会で働くとはどんなことかを理解し、
社会人の自覚をもって
仕事に取り組みましょう。

仕事をするときに意識すること

どうして必要？

学生と社会人では立場はもちろん、役割や期待されていることが違うからです。

Goodステップ

社会の一員として責任ある行動を

自分勝手な言動が、仕事に悪影響を与えたり、周囲に迷惑をかけたりします。社会人として、責任ある行動をとりましょう。

チームで仕事していることを認識

会社のルールやマナーを守り、周囲に迷惑をかけないようにします。チームで仕事をするためには、協調性も必要です。

社会人の自覚をもつ

社会人は会社の利益になるような働きをして、その報酬として給料をもらうわけですから、その目的を達成するために、自分に何ができるかを考えて、仕事に取り組むことが大切です。

コレはNG

- 学生気分で仕事をする。
- 勝手に自己判断をして仕事を進める。
- 会社のルールを守らない。
- 身勝手な言動で周囲に迷惑をかける。

社会人と学生では立場が異なる

社会人になりたての頃は、学生時代の習慣や考えがなかなか抜けないものです。しかし、当たり前のことですが、**学生と社会人では立場が違います**。学生のうちは授業料を払って学ぶことが目的なので、自分の勉強に集中することができます。しかし、社会人になると、自分の労力を提供することで給料をいただきます。ですから、いただいた給料分は、会社に対しての責任が発生します。

たとえば、レポートを提出することで評価をされた学生のときと違って、社会人になると、提出したレポートが周りや会社にとって役立つことが求められるのです。**学生と社会人の違いを理解していないと、トラブルを招きかねません。社会人としての自覚をもつことが重要**です。

学生と社会人の違い

自分のことだけを考えればよかった学生時代と違い、
社会人になると、会社組織の一員として行動しなくてはなりません。
学生と社会人の基本的な違いを認識し、社会人としての一歩を踏み出しましょう。

学生

自分のために授業料を払って学ぶ。学校にとってはお客様。

受動的

社会人

会社の利益になる仕事をし、その報酬（給料）をもらう。

能動的

学生		社会人
●自分のために学ぶ ●先生に必要な知識を教えてもらう ●卒業をする ●授業を受けて知識を得る	**目的・目的達成のための手段**	●会社の利益のために仕事をする ●仕事の報酬として給料をもらう ●チームで仕事をする
●自分でコントロールできる自由時間が長い ●授業を勝手に休んでも周囲に迷惑をかけない	**時間**	●拘束時間が長い ●欠勤、遅刻をすると、周囲に迷惑がかかる
●同年代で年齢層が狭い ●自分の好き嫌いでつき合える	**人間関係**	●幅広い年齢層 ●役職があり、縦の人間関係
●自己責任 ●レポートを提出しなかったり、ミスをしても周囲に迷惑をかけることは少ない	**責任**	●自分のミスが会社に大きく影響することがある ●ミスをすると周囲に迷惑がかかる
●テストやレポート ●赤点をとらなければ合格	**評価**	●日常での仕事(勤務態度など) ●成績(売上げや貢献度)
●教師	**評価する人**	●上司や先輩 ●お客様

人財になろう

どうして必要？

頼りにされる「人財」を目指すことは、やりがい、キャリアアップにつながります。

Good ステップ

周囲から頼られる存在に

小さな仕事でも、責任をもってしっかり行うことを積み重ねれば、周囲の信頼が得られ「いなくてはならない存在」、つまりは人財になれます。

仕事を自分の成長の場として考える

仕事を生活やお金のためととらえるのではなく、自分の能力を発揮する場、成長の場と考えると、仕事への意欲も変わり、プラスαの仕事にもつながります。

プラスαの働きを心がける

単に言われたことだけをするのではなく、「何のためにその仕事をするか」「自分でできることは何か」と考えながら、仕事に取り組みましょう。

コレは NG

- 仕事をさぼる。
- 言われたことだけしかやらない。
- 給料以上の仕事をすることはないと考えている。
- 向上心がなく働いている。

プラスαの仕事をして人財に

会社にとって、働く人は財産です。なかでも、**給料以上の仕事をし、会社に利益をもたらす人を「人財」、言われたことをとりあえずこなす人を「人材」**といいます。

新入社員のうちは、言われたことをやり遂げることが精一杯かもしれません。とはいえ、言われたことだけをしていては、いつまでたっても「人材」。成長していくことはできません。**はじめは誰もが人材からスタート**します。そのまままずっと**人材でいるのか、「人財」を目指すのかはあなた次第**。日頃から「どうしたら効率よく、正確にできるだろう」と考え、工夫したり、必要な技術を身につけたりするプラスαの仕事を心がけることが大切です。周囲から「あなたがいないと困る」と言われるような「人財」を目指しましょう。

作業と仕事の違い

作業
- 決められたことをするだけ。
- 給料分こなす。

▼

人材

仕事
- 作業プラスαの働きをする。

▼

人財

ちなみに…
- 作業をさぼる人
- 給料以下の仕事しかしない人

▶ **人罪**

社会人に必要な5つのマインド

社会人として、常に次の5つを意識して仕事をしましょう。

協力意識

組織の一員であることを意識、チームワークを大切に。社内規則やマナーを守ることは、組織がうまく機能するために必要です。

安全意識

安全に仕事を進めるためにも、自身の健康管理を心がけます。また、機密書類の取り扱いには十分注意し、安全意識をもって仕事に取り組みましょう。

改善意識（プラスαの部分）

仕事は、より正しく、効率的に。常に現状よりよくすることを心がけましょう。

原価意識（コスト意識）

通信費、光熱費、水道代など、経費の節減。備品や消耗品も大切に。また、勤務時間内に仕事を終わらせるよう時間を有効に使いましょう。

顧客意識

常にお客様を優先し、お客様の期待に応えられるようにしましょう。

なぜ、ビジネスマナーは必要か

どうして必要？ ビジネスマナーを身につけることは、自分自身をサポートしてくれる強力な「武器」になります。

Goodステップ

相手から信頼を得る

マナーは、相手を思いやる気持ちから生まれるもの。その心が伝わることで、相手からも信頼を得られます。一緒に仕事がしたい人と思われ、評価も上がります。

周囲から愛される人に

マナーを身につけ、誰に対しても敬意をもって明るく接している人は、周囲から愛されます。困ったときにもサポートが受けやすく、仕事もスムーズに進められます。

あいさつ一つで人間関係が円滑に

あいさつは、相手への礼儀。明るくあいさつをするだけで、社内はもちろん社外の人たちとの関係がスムーズになります。

コレはNG

- あいさつをしない。
- 敬語を正しく話せない。
- 相手のことを考えず、自分勝手な行動をとる。
- マナーを身につけようとしない。

ビジネスマナーが不安を自信に変える

社会人になって、不安や緊張の毎日を過ごしている人も多いでしょう。そんなあなたの不安を自信に変えてくれるのが、「ビジネスマナー」です。

ビジネスマナーとは、仕事をする上でのルールや礼儀で、根底にあるのは、相手を思いやる心です。

仕事は、さまざまな人と関わりながら進めるものですが、**ビジネスマナーという武器**をもっていれば、常識ある人と好印象をもたれて良好な人間関係を築くきっかけとなります。それが信頼へとつながり、仕事もスムーズに進められるというわけです。

たかがマナーと侮《あなど》ってはいけません。**ビジネスマナーは、あなたの心強い武器となり、あなた自身を守るもの**です。だからこそ、しっかり身につけましょう。

ビジネスマナーの必要性 1 自分を守る武器

ビジネスマナーは、ハッピー連鎖を生む

日頃からあいさつや敬語などのマナーがきちんとできていると、上司や先輩との関係も円滑になります。

新入社員は、上司や先輩から教えてもらうことばかりですが、ビジネスマナーを通じて人間関係が良好に築かれていると、困ったときにサポートしてもらいやすくなります。

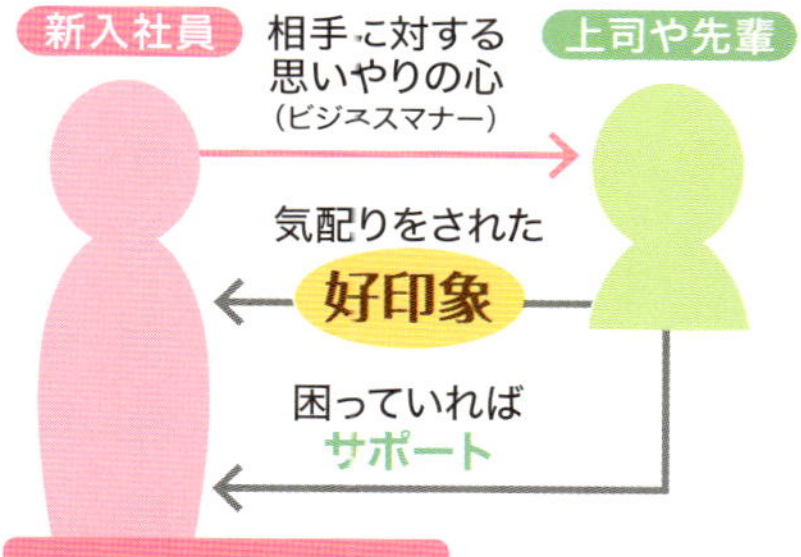

ビジネスマナー

- 身だしなみ・立ち居ふるまい
- 言葉づかい・敬語の使い方
- あいさつ
- 電話の応対
- 来客の応対　など

ビジネスマナーが
自分を守ってくれる
武器に

返報性の法則

人は、人からされたことを返したくなるという特性をもっているといわれます（返報性の法則）。相手から親切にされると、自分も相手に対して親切にしたくなる、という心理です。ビジネスマナーを身につけて、相手にとって心地よいアプローチをすると、相手からも同様のアプローチが返ってきてお互いの関係性がよくなっていきます。

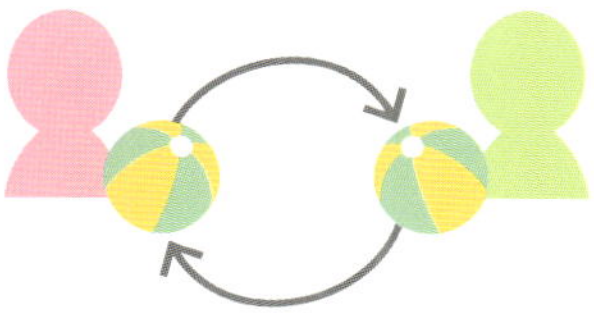

ビジネスマナーの必要性 2

人間関係を円滑にする

ビジネスマナーが人をつなぐ潤滑油に

さまざまな人と連携をとるには、常に気を配り、行動することが求められます。そこで自分を守ってくれ、潤滑油となるのがビジネスマナーです。

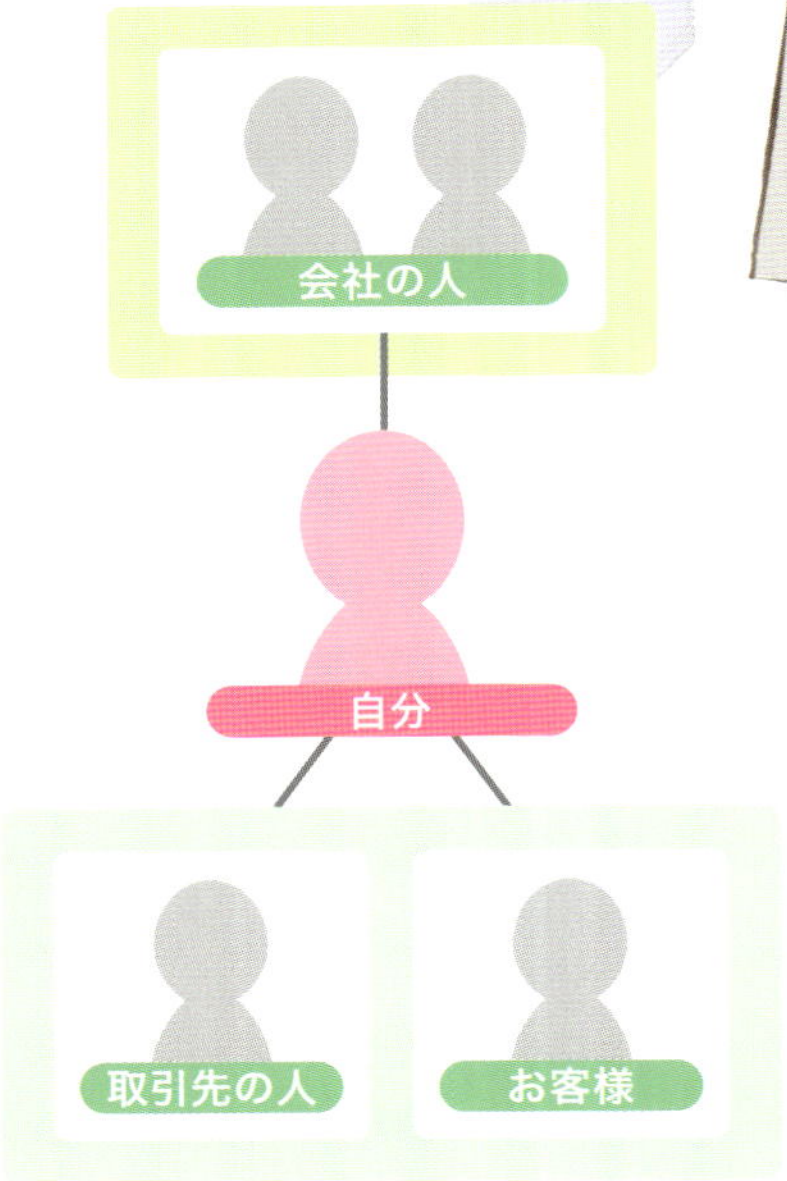

仕事は、誰ともコミュニケーションをとらずにできるものではありません。会社の中のチームの人たち、取引先やお客様とつながっています。

相手を思いやる心がないとビジネスマナーとはいえない

ビジネスマナーの基本は、相手を思いやる心。スキルとして身につけても、無愛想にあいさつし、不機嫌な態度で敬語を話していると、相手に不快な思いをさせてしまいます。形だけを身につけても、そこに心がなければ意味がありません。

ビジネスマナーは、人から押しつけられて覚えるものではなく、「自分を守る武器」、そして「なりたい自分になるスキル」の一つです。自分にプラスになることだと思えば、むずかしそうと避けることもないでしょう。

最初からビジネスマナーを完璧にできる人はいません。相手を敬う気持ちをもちながら日常の中で練習して、身につけていきましょう。

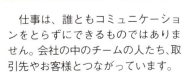

ビジネスマナーの必要性 3 仕事がスムーズに

マナーの基本を知っていると相手の「心地よい」スイッチが押せる

人は、「イラッとする」「怒る」「あきれる」「うれしい」「心地よい」など、さまざまな感情のスイッチをもっています。

あらかじめ、その人が「イラッとする」スイッチはどこか、「心地よい」スイッチはどこかを知っていれば、コミュニケーションがとりやすくなりますが、ビジネスシーンにおいては初対面の人も多く、その判断がむずかしいもの。

そこで武器となるのが、ビジネスマナーです。マナーの基本を知って接すれば、相手は「気づかいをされている」と感じます。つまり「心地よい」スイッチを押せるというわけです。そうなれば、その後のコミュニケーションがとりやすくなり、仕事を円滑に進めることができます。

コミュニケーションがとれている
仕事が円滑に進む

心地よい
イラッとする
PUSH
新幹線の座席ですが、通路側のご希望はございますか？特になければ、窓側の席をご用意いたします。
この人は、新幹線の席次のマナーを知っている上で、出入りがしやすい通路側がよいかどうか聞いてくれている。
気配りのできる人だ。こういう人がいる会社は、しっかりしているに違いない。これから仕事をしていく上で、安心だ。

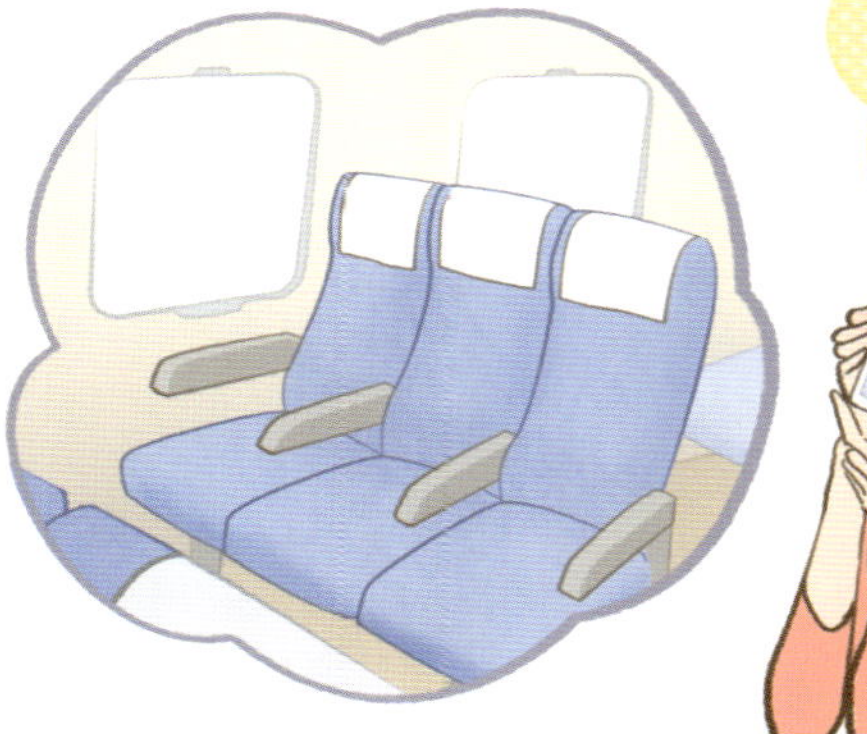

チケットの手配という小さな仕事でも、ビジネスマナーを身につけておけば、会社の信頼性に大きく貢献できます。

ルールとマナーの違い

どうして必要？

社会生活を送る上で必要なルールとマナーの本質的な違いを理解しておきましょう。

Goodステップ

ルールは守るのが基本

法律はもちろん、会社の就業規則、決まりごとに違反してはいけません。社会人として、ルールは必ず守りましょう。

社会生活を快適にさせるのがマナー

マナー知らずだと、気づかないうちに周囲の人を不快にさせている可能性があります。

自分勝手に行動しない

自分のことしか考えない人は、マナーを知っていても行動に移すことができないもの。日頃から相手を気づかうことを心がけましょう。

コレはNG

- 会社の規則を守らない（無断欠勤・遅刻など）。
- マナーを知らない（あいさつのしかた、敬語の使い方、来客応対、電話応対など）。
- 上辺の形だけのマナーで心がない。

ルールは規則　マナーは礼儀

ルールとは、規則。必ず守らなくてはいけない決まりごとです。**守らない場合は罰則があります。**

一方の**マナーは、礼儀や礼儀作法のこと。守らなくても「マナー違反」と言われるだけで、罰則はありません。**ただし、周囲の人は不快な思いをします。実は、ここが重要なのです。

会社に限らず、社会という集団の中では、周囲とうまく共生していく必要があります。その知恵ともいうべきものが、マナー。相手を思いやる心から生まれる言葉や行動は、人と人とのコミュニケーションを円滑にします。

ビジネスマナーは、仕事の上で必要なルールとマナーのことですが、どちらが欠けてもいけません。自分のためにも、ルールを守りながら、マナーも身につけましょう。

相手を思いやるのがマナー

例）エレベーターのマナー

操作盤の前に人がいるのに、お客様よりも先に、自分が乗るのはマナー違反ですが、だからといって、罰せられることはありません。

「この人は、マナーを知らないんだな」と思われるだけです。 大したことはないと思うかもしれませんが、場合によっては会社のイメージダウンにつながります。

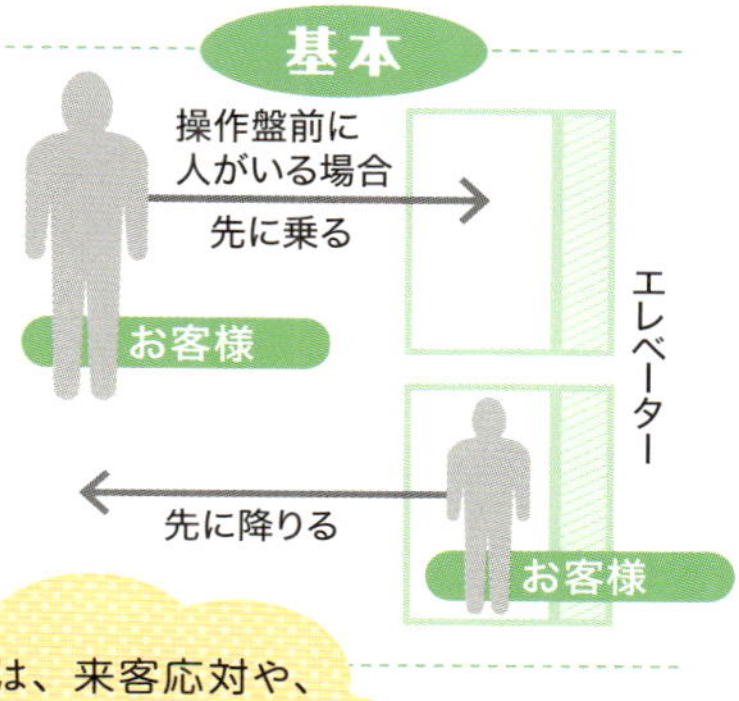
基本
操作盤前に
人がいる場合
先に乗る
お客様
エレベーター
先に降りる
お客様

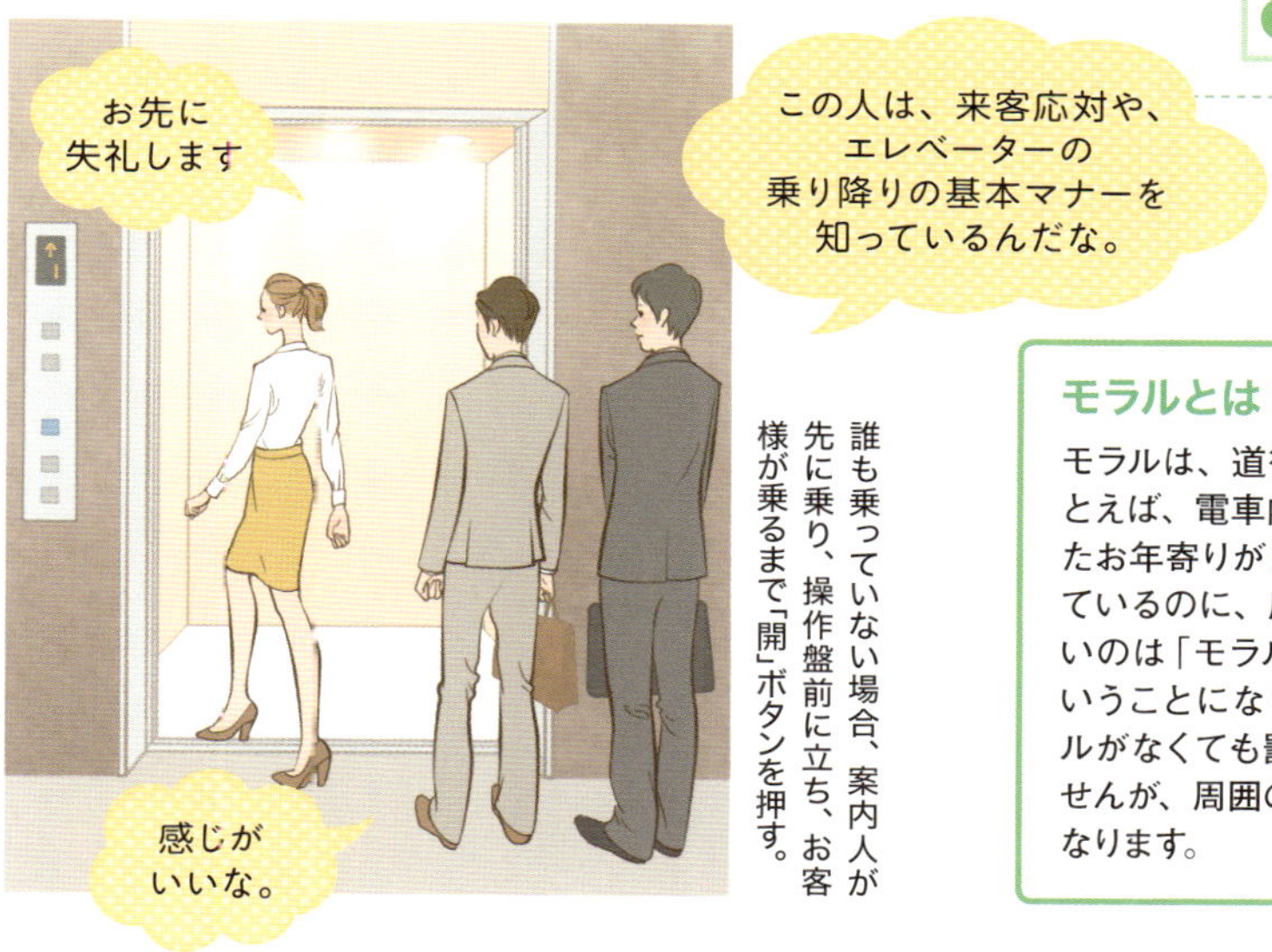
お先に
失礼します
この人は、来客応対や、
エレベーターの
乗り降りの基本マナーを
知っているんだな。
感じが
いいな。

誰も乗っていない場合、案内人が先に乗り、操作盤前に立ち、お客様が乗るまで「開」ボタンを押す。

モラルとは？

モラルは、道徳のこと。たとえば、電車内で杖をついたお年寄りが目の前に立っているのに、席をゆずらないのは「モラルがない」ということになります。モラルがなくても罰則はありませんが、周囲の評価は低くなります。

マナー

- 礼儀
- 態度

例

○	×
電車の中はマナーモード	電車の中で電話する
デスク周りを整理整頓	デスク周りが乱雑
列に並ぶ	列に並ばない、横入りする

ルール

- 決まりごと
- 就業規則、規則、法律

例

○	×
欠勤届を提出する	無断欠勤をする
会社の機密情報を守る	内部情報をライバル会社に流出させる
法定速度を守って運転	スピード違反

仕事の取り組み方

どうして必要？

仕事の基本を学ぶためには、自分勝手な判断をせず、教えられた仕事を一生懸命することです。

Goodステップ

「今、自分ができること」を考えて行動する

会社はチームで仕事をする場。チームの一員として今の自分にできることは何かを考えましょう。電話をとったり、できることはあるはずです。

どうすればスムーズに仕事ができるかを考える

教えられたことを基本に、自分なりにミスを防ぐ方法や、効率的なやり方を常に考える習慣をつけます。

上司や先輩の指示どおりに仕事を最後までやる

新社会人は、上司に教えられたとおりに、与えられた仕事を最後まで責任をもってやり遂げることが、第一の目標。まずは、仕事のやり方の基本を身につけるようにしましょう。

コレはNG

- 自分勝手に仕事を進める。
- 途中で仕事を放り出す。
- 上司や先輩のやり方に反発して、文句ばかり言う。

与えられた仕事を一生懸命やること

新入社員は、まず職場に慣れ、仕事を覚えることが先決。仕事のやり方を上司や先輩から教わりながら、**与えられた仕事は責任をもって最後までやり遂げましょう。**

会社は、チームで仕事をする場。あなたは、いわばチームの新人プレイヤーです。与えられたポジションの仕事を一生懸命に行うことが大切です。**言われたことをきちんとすることは当たり前**のこと。その中で、仕事を効率的に進めるやり方を自分で考えて工夫していきましょう。

自分は何をすべきかを考えて行動し、責任をもって取り組む姿勢が、会社の信用や利益を高めることにつながります。

テキパキと仕事をこなす、頼りにされる人を目指し、今、目の前の仕事に全力投球しましょう。

「知っている」と「できる」は違う

ビジネスマナーの基本を頭ではわかっていても、
実際にできるかといえば、できないことが多いのが新社会人です。
「自分はわかっているから大丈夫」「こんなことは1回やればすぐできる」と
タカをくくるのは危険。
仕事には真剣に取り組み、失敗しても次に活かすようにしましょう。

Happy Step

失敗から学んだことは身につく

社会人1年生は、仕事がうまくできなかったり、マナーで失敗をしたり、周囲から注意されることも多いでしょう。でも、そうした指摘をしてくれるのも、最初のうちだけ。数年経って同じことをしても、単なる「デキない人」と思われるだけで、何も言われなくなります。

新人のうちはたくさん失敗しても、許してもらえます。なぜ失敗したかを考え、その後に活かしましょう。

こんなときは？

上司から教えられたやり方は効率が悪いと思ったとき

まずは、教えられたやり方で行いましょう。こうしたらよいと思う方法があったら、勝手に行動に移さず、上司に相談を。仕事の性質上、一見効率が悪そうなやり方でも、それがミスなく進める方法だということもあります。自分ではベストと思った方法が、必ずしもよいとは限りません。自分勝手な判断は禁物です。

メンタルを強くする

どうして必要？

仕事で最大限のパフォーマンスを出すためには、ストレスに強いメンタルが必要です。

Goodステップ

悩みやストレスを一人で抱え込まない

慣れない仕事、そして職場の人間関係での悩みは、一人で抱え込まず、上司や先輩、同僚などに相談しましょう。サポートを受けることで、問題が解決しやすくなります。

ポジティブに考える

仕事をする前から「失敗したらどうしよう」「間に合わなかったらどうしよう」と、物事の悪い面ばかりを見ず、よい面を見る習慣をつけましょう。

コレはNG

- 上司から注意を受けたときに、自分はダメな人間だと思う。
- 怒られるたびに萎縮して、何もできなくなる。
- いつも失敗したらどうしようと不安。
- 悩みを人に相談できず、気持ちがどんどん重くなる。

怒ってくれた人は味方

上司や先輩は、自分のことを思って注意をしてくれているということを忘れないようにしましょう。怒られた、否定されたという認識だけだと、気持ちが落ち込みます。

怒られても落ち込まない打たれ強い人に

夢と希望を胸に入社したものの、上司や先輩から言われたとおりにできなかったり、ミスをして注意されたりすると「自分はダメな人間だ」と思ったり、一方でささいなことでダメ出しをされると、「なんでこんなことまで上司に言われなくてはいけないの」と落ち込んだりしてはいませんか？

でも、それは「怒られた」⇒「攻撃された」⇒「ショック」という**感情だけに目を向けて、「なぜ怒られたのか」という事実を見ていない**からかも。怒られるたびに落ち込んでいては、社会人としての成長は見込めません。

注意されたことを冷静に分析し、それに対しての改善策を考えることが大切です。人として成長していくためにも、できる可能性に意識を向けていきましょう。

怒られても、それは人格否定ではない

上司や先輩からの注意や指摘は、あなたの人格を否定するものではありません。
相手は、あなたのしている「コト」を改善してほしいと、注意しているのです。

私って、やっぱりダメなのかなぁ…。
営業報告書の数字が違っているぞ。

感情

- 私を怒っている上司⇒人格否定された。
- 怒られたことにショック。
- 確認したのに、いつも数字のことで怒られる。私って、この仕事が向いていないのかも。

事実(コト)

↑

ここに意識を向ける

★怒られたことに落ち込まず、上司から言われたことを受け止めて、そのコトを改善しようということだけに目を向けましょう。そこを認めないと、現状とあるべき姿のギャップが明確になりません。

事実

- 数字が間違っているという事実がある以上、確認したかどうかは問題ではない。
- 確認は間違わないために行うもの。その確認のしかたが間違っている。

↓

事実を受け止めて改善

「**確かに間違っていますね。申し訳ありません**」

↓

改善

自分の確認のしかたが間違っている！

確認のしかたを変えてみよう。

怒られた原因を追求・分析して、改善策を考える。

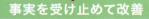

怒られたときの対応

上司や先輩もあなたのためを思い、「怒る」という労力を使ってくれているのです。
間違いを指摘してくれたことに感謝をしましょう。
そして、素直に反省し、改善へとつなげていきましょう。

1 まずは謝る

怒られたら、それに反論したり言い訳したりせず、しっかり謝りましょう。小さな声でボソボソと言うのはNG。謝罪の気持ちを相手に表すことが大切です。

「申し訳ありません」
「ご指摘いただき、ありがとうございます」

2 相手の意見を聞く

相手の言うことをよく聞き、それを受け止めます。反論や言い訳はしません。

3 理由がわからなければ、タイミングを見て質問をする

怒られた理由が理解できない場合は、怒られた直後ではなく、休憩時間や仕事が一段落したときを見計らって、質問しましょう。

「先ほどは、申し訳ありませんでした。よろしければ、もう少し〇〇について教えていただけないでしょうか」

4 どう改善すべきか考える

怒られた理由が明確になると、どういう手段で改善すべきかが見えてきます。

Happy Step

日頃から コミュニケーションを

これまで接してきた目上の人といえば、親と学校の先生。幅広い年齢層がいる会社では、目上の人とどう接していいかわからないかもしれません。しかし、日頃からコミュニケーションをとっていれば、注意を受けても、それが人格否定ではなく、自分のことを思って言ってくれていることと理解できるはず。その期待に応えるためにも素直に反省し、次に結果を出すにはどうすべきかを考える習慣を。

考え方一つでストレスが軽減

仕事をしていく中で、さまざまなストレスがあると思います。
心身の健康のためにも、ストレスを自分でコントロールするようにしましょう。

考え方のクセを変える

ネガティブな考え方をポジティブに変換するクセをつけましょう。また、仕事で不安なことは、必ず上司に相談をすることが大切です。

ポジティブ

納品まであと３日。今の調子でいけば間に合うと思うけど、上司に今の進行状況を報告しよう。そして、上司に相談した上で、どのように対応すべきかを決めておけば安心。

ネガティブ

納品日まであと３日しかない。どうしよう、間に合うかどうか不安。間に合わなかったらどうしよう。また、上司に怒られる。つらいなぁ。

よいほうにとらえ、そのために何をすべきかを考え、実行しましょう。

ストレスを上手に解消しよう！

強いストレスを長く抱え込むと、自律神経のバランスが崩れて、全身にさまざまな不調が現れます。疲れがとれない、頭痛や食欲不振、不眠などは、ストレスがたまっているサイン。それを見逃して生活していると、心の病気や生活習慣病を引き起こします。

心身の健康のためにも、自律神経を整える規則正しい生活を心がけ、自分なりのストレス解消法を見つけて実行しましょう。

あなたの考え方はどちら？

コップに半分の水がある

まだ、半分もある	もう、半分しかない
ポジティブ	ネガティブ
ストレス 小	ストレス 大

★自分の考え方のクセを見直すだけで、ストレスが軽減できます。

キャリアプランを考える

どうして必要？

自分の将来の目的のために、5年後、10年後の目標を設定すると、今、何をすべきかが見えてきます。

Goodステップ

結婚や出産のことも考える

キャリアプランを考える中で、結婚や出産に対して自分はどうしたいのか？を考えましょう。

仕事のスキルをアップする

仕事経験を積んでも、自分が成長を感じていないと、仕事をしていく意欲も下がりがち。「よりよくなるためには？」と常に意識し、資格を取得するなど向上心をもつことがキャリアアップにつながります。

1年後、3年後、5年後の自分をイメージ

仕事をしていく上で、目的を掲げることは、モチベーションを高めることにもつながります。1年後、3年後、5年後……の自分をイメージし、その目標に向かいましょう。

コレはNG

- 行き当たりばったりで、将来のことを考えていない。
- 仕事に意欲がない。
- 特に目的はない。

大きな目的実現のために小さな目標をつくる

キャリアプランとは、将来のありたい姿（目的）を描き、その実現のために行動計画を立てること。

目的達成のためには、①目的をイメージする、②現状を分析する、③目的と現状を埋めるための小さなステップ（目標）を設定する、④行動計画を立てて実践するという４つのステップが必要です。

これは、カーナビの操作に似ています。車のエンジンをかけると、ＧＰＳが現在地を分析し、目的地を入れるとルート検索をしてナビゲートしてくれます。後はその通りに運転をすれば目的地にたどり着けます。私たちの脳にも、カーナビと同じ機能があるといわれています。ありたい姿を具体的にイメージし、現状を分析すれば、その目的を達成するための行動や手段を考えることができます。

将来のなりたい自分をイメージ

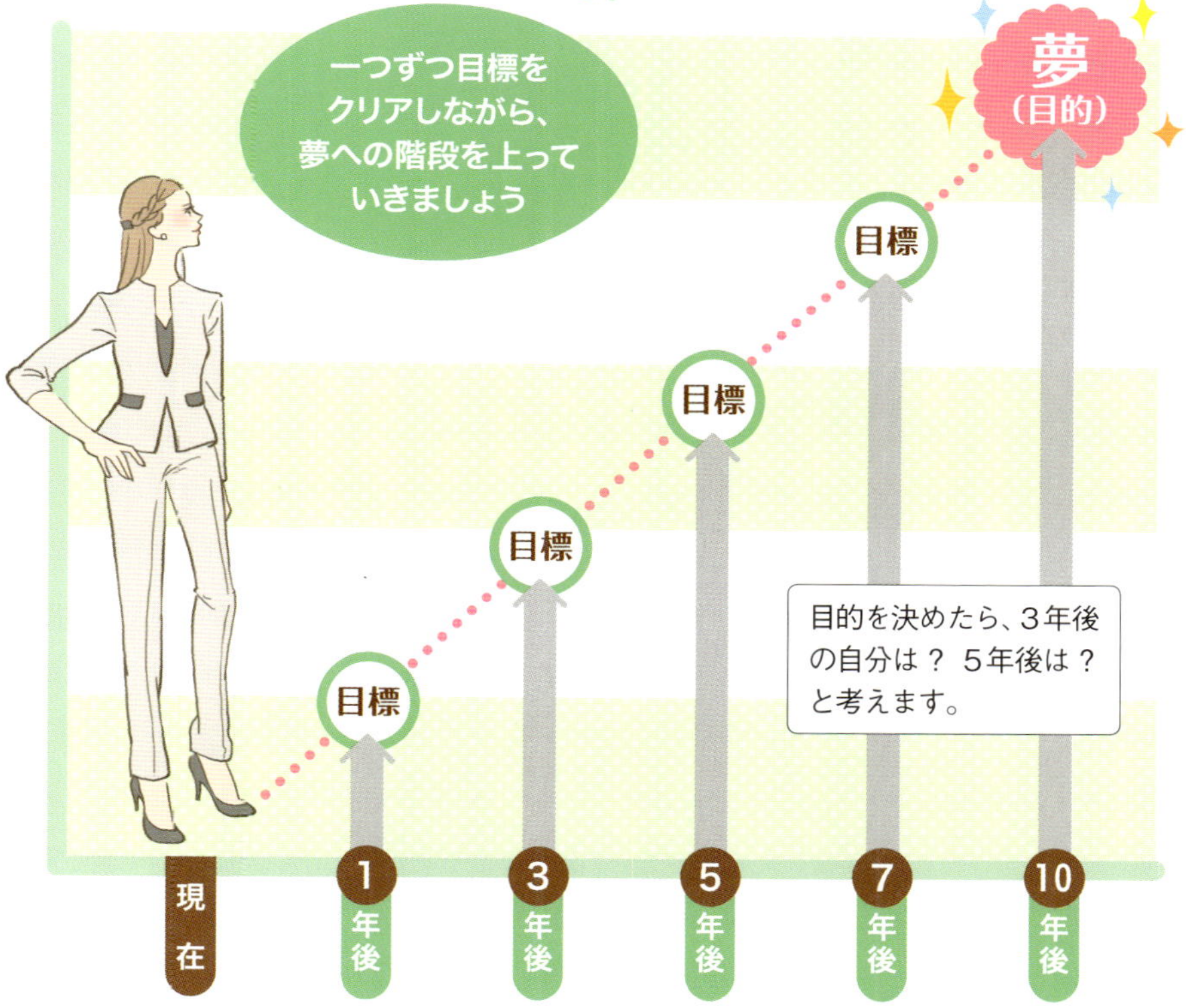
一つずつ目標を
クリアしながら、
夢への階段を上って
いきましょう
夢
（目的）
目標
目標
目標
目標
目的を決めたら、3年後の自分は？ 5年後は？ と考えます。
現在
1年後
3年後
5年後
7年後
10年後

Happy Step

自分を磨く

自分を高めるために、積極的に人と交流したり、勉強したりすることは大切です。たとえば、異業種の人が集まる勉強会に出かけたり、仕事に役立つ教室やセミナーに参加したり、仕事に必要な資格を取ったり……。いろいろな経験を積むことは、自分を成長させ、キャリアアップにつながります。

社会人になっても努力は必要。こうした努力が将来、大きな差を生みます。

こんなときは？

結婚・出産はキャリアに影響する？

現在は、結婚・出産しても働く女性が多く、制度も整備されています。出産で休業する期間も、40年のキャリアで考えればわずか。目的をしっかりもっていれば、結婚も子育ても昔ほど障害にはなりません。日頃から上司や周りの人たちとキャリアについて共有しておくとよいでしょう。

自分に合う仕事とは

どうして必要？

合わないからとすぐに仕事を辞めるのではなく、仕事を覚えてから自分に合う仕事か判断してみても。

Goodステップ

入社1年目は、会社の仕事を覚えるのが先決

自分のやりたいことができると思って入社しても、必ずしも希望の部署にいけるとは限りません。入社1年目は、その会社の仕事を覚えることが第一です。

自分のほうから仕事によりそう

その仕事が自分に合う・合わないは自分のとらえ方次第。与えられた仕事に興味をもつ、どうすればスムーズにできるか工夫するなどし、自分を仕事に合わせる努力も必要です。

とにかく1年頑張ってみる

自分にその仕事が合うか、数カ月ではわかりません。せめて1年の期限を決めて、がんばってみましょう。

コレはNG

- 仕事を覚える前に辞める。
- 何も頑張らないで、自分に合わないと決めつける。
- 何となく合わない、イヤだと数カ月の短期間で辞める。

まだ何者でもない新人 合うかどうかわからない

せっかく就職戦線を戦い抜いて希望の会社に入っても、3カ月ほどで辞めてしまう人が少なくありません。理由の一つが「自分のやりたい仕事ではなかった」ということ。

新社会人は、これまで働かない環境（学生の身分）においての自分の特性は知っていても、働く環境に対しての自分の特性はまだわかっていません。そのため、やりたい仕事、合う仕事が何なのかもわからないはず。**好き・嫌いという感情で判断するのではなく、まずは与えられた仕事に一生懸命取り組んでみましょう**。それで出した結果は自信となり、次のチャレンジにつながっていきます。仕事の経験を積み重ねていくうちに、自分にはどのような仕事が向いているのかが見えてくるでしょう。

合わないと思う思考が合わなくしている

人の脳は、気になるほうの情報ばかり集めるという特性があります。
合わないと思った瞬間に、合わない理由探しを始めます。
その理由が出てくるたびに、「ほら、やっぱり」と確信に変わっていきます。
考え方を変えなければ、どこへ行っても「合わない」と感じるでしょう。

合わない気がする

たとえば

- 仕事が単調、今後もこれが続くのは耐えられない。
- 学校で学んだことが活かせない。
- やりたいことができない。
- 有給休暇がとりにくそう。
- 上司とウマが合わない。

合わないところもあるけれど、好きなところもある

たとえば

- 上司が細かくチェックをするのはイヤだけど、先輩のAさんや同僚のBさんなど、自分をフォローしてくれる人がいる。
- 上司は厳しいけれど、同年代の女性社員が何人かいるので、お互い助け合える。
- 今の仕事は単調だけど、繰り返し実践していくことで仕事の基本を学ぶことができる。
- 残業が多少あるけれど、休暇がとりやすい雰囲気。
- 結婚、出産をしても働いている女性がいて、心強い。

自分の強みを知る

自分の夢を叶えるために、①自分ができること（能力）、②自分がしたいこと（動機）、③自分が必要とされていること（意味）を考えてみましょう。

① CAN
自分は何が得意なのか？

② WANT
自分はいったい何をしたいのか？

③ NEED
何をしている自分なら、会社や他者、社会に役立っていると実感できるのか？

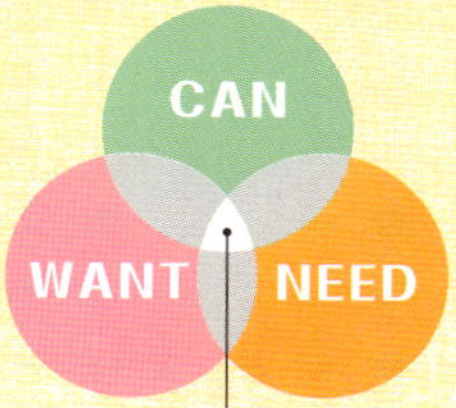

重なった部分を今の仕事の中で見つけることで、仕事への意欲がより高まります。

column

会社でのマナーQ&A

Q 営業や社外での打ち合わせの日にスーツを着ていれば、普段はショートパンツなど好きな服装でOK？

A 社内で仕事をしていても、訪問されたお客様に応対することなどが考えられます。常にスーツスタイルでなくてもかまいませんが、キャミソールなど肩が大きく開いているファッションや、ショートパンツなど露出度が高いアイテムはオフィスには不向きです。おしゃれと身だしなみの違いを意識しましょう。

Q イニシャルでなら会社の人のうわさ話をSNSでしてもいい？

A たとえば、SNSで友人だけに「営業のＳさんって…」とつぶやいているつもりでも、つぶやいた人の会社がわかればイニシャルの人は限定されます。会社の人のうわさ話、上司の悪口、誹《ひ》ぼう中傷をSNSやインターネットに書き込むのは絶対ＮＧ！ 書き込みによっては損害賠償を求められることもあるので注意しましょう。

Q 仕事中、デスクでお菓子を食べてもよい？

A 職場のデスクは仕事をするためにあります。効率よく仕事をするために、ながら作業はふさわしくないので避けましょう。出張や休暇をとった人のお土産で配られた場合も、休憩時間に食べるようにし、書類を汚したり、食べかすを残したりしないように。

Q 旅行したとき、会社へのお土産は必ず買うべき？

A 必ず買うべきかといえば、そんなことはありません。ただし、休暇をいただいたときは、自分の仕事のフォローをしてくれたことに対して、「不在中、ありがとうございました」と、ひと言お礼の気持ちを添えて、お土産を渡しましょう。

Part 2

＼これで差がつく！／
働く女性の礼儀＆作法

身だしなみや立ち居ふるまいで、
印象に差が出ます。
ビジネスシーンで光る女性になりましょう。

第一印象は見た目で決まる

どうして必要？

見た目は、仕事をしていく上で、信頼できる人かどうかを判断する材料となります。

Goodマナー

清潔感のある身だしなみを

仕事では、おしゃれよりも、きちんとした清潔感のある身だしなみをしているかどうかが重要です。

明るい表情と笑顔

表情、眉の形、視線、目の輝き、目の開き具合、口の形、口角の位置などがイメージの決め手になります。

きちんとしたあいさつ

初対面では、ハキハキとした明るいあいさつが好印象。敬語を正しく使えているかもポイントになります。

コレはNG

- だらしない印象。
- 暗い表情。
- ボソボソと小さな声で話す。
- あいさつや敬語ができない。

第一印象のよさは信頼へつながる

「人は見た目が9割」という言葉を耳にしたことはありませんか。**「見た目」とは外見のことではなく、身だしなみや表情、言葉づかいや所作のこと。**

社会人になると、社内外問わず、初対面の人と多く接します。その際、**相手が見るのは、まず「見た目」**。初対面でどんな人物かをイメージし、信頼できるか否かを判断します。

第一印象がよいと、その後のコミュニケーションもとりやすく、仕事もスムーズに運びやすくなります。一方、最初にマイナスイメージがついてしまうと、それを払《ふっ》拭《しょく》するのはなかなかむずかしく、仕事の成否にも影響します。

想像以上に、人は見た目に左右されるものです。身だしなみにも十分気を配りましょう。

第一印象をよくするには

[第一印象を決定づける要素]

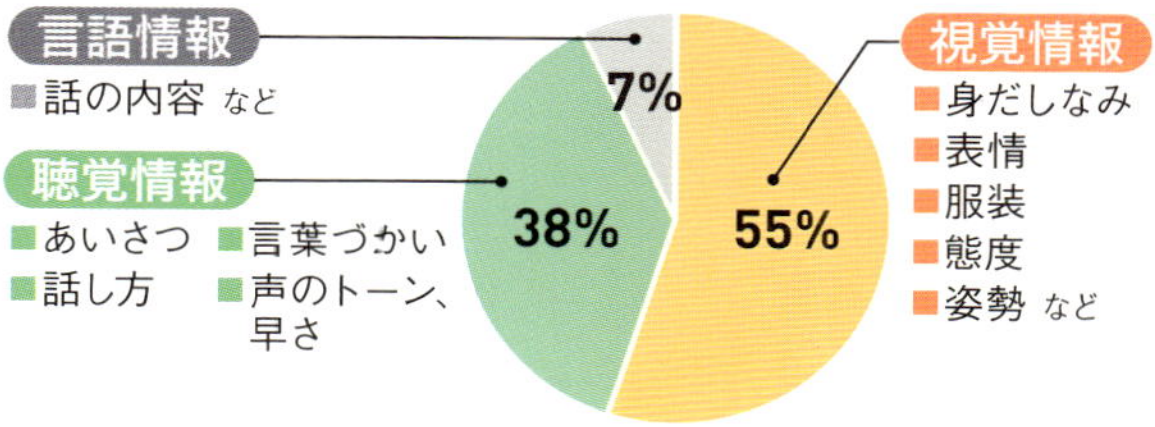
言語情報
■話の内容 など
7%
聴覚情報
■あいさつ ■言葉づかい
■話し方 ■声のトーン、早さ
38%
55%
視覚情報
■身だしなみ
■表情
■服装
■態度
■姿勢 など

よろしくお願いいたします。

アメリカの心理学者のアルバート・メラビアンの研究によると、「言語」(話の内容)、「視覚」(表情)、「聴覚」(声のトーンなど)が矛盾した場合、聞き手は「視覚」と「聴覚」で、その本質を判断するそうです。

視覚

外見に気を配る	笑顔	姿勢よく
髪型、服装、メイクは「清潔感」が第一。	笑顔を向けられて悪い印象をもつ人はいません。	立ち姿、座り姿も背すじを伸ばして。 ※おじぎも大切。

聴覚

きちんとあいさつ	相手の話をよく聞く	内容によって声のトーンやスピードを調整
相手の目を見て、あいさつ、自己紹介を。	会話をするときは、相手の目を見ること。そして相手の話を遮らず、耳を傾けます。	説明をするときは、ゆっくりとわかりやすい発音で、おだやかに話します。

言語

わかりやすく

相手に伝わりやすいよう、簡潔でわかりやすい内容に。

言葉は、感情や態度と一致しないと伝わらない

「ありがとうございます」という言葉は、にこやかな表情、やさしい声のトーンが一致してはじめて相手に感謝の気持ちが伝わります。

お礼を言うときの表情

「不機嫌な顔」

「なんで機嫌が悪いの？」「何を怒っているの？」という印象を与えます。

「無表情」

心がこもっていないようで、感謝の気持ちは伝わりません。

「笑顔」

「言語」「視覚」「聴覚」が一致して、はじめて相手に伝わります。

ビジネスファッションの基本

どうして必要？

仕事をするのにふさわしい服装、身だしなみをすることが、ビジネスパーソンの基本です。

Goodマナー

ヘアメイクはさわやかな印象に

いくらきれいな服を着ていても、ボサボサの髪やノーメイク、派手なメイクではマイナスの印象になります。ヘアメイクは、きちんと感がある、さわやかな印象にまとめましょう。

TPOをわきまえる

いつ、どこで、どんな仕事をするかによって洋服選びは変わります。女性のビジネスでの正装は、上下そろいのジャケットとスカート。パンツスーツはセミフォーマルな印象です。

清潔感のある服装

汚れやシワが目立った服や、だらしないスタイルはNG。きちんとした印象を与える服装を心がけましょう。

コレはNG

- 服に汚れやシワがあっても気にしない。
- 派手なヘアメイクやネイル。
- 奇抜なファッション。
- カジュアル過ぎる服装。

仕事に適したファッション、身だしなみを

職場のドレスコードは、業種や職種によって変わります。職場の先輩たちの服装を参考に、仕事相手や会社の求めるイメージに合わせて洋服を選びましょう。

なお、会社は仕事をする場。自分をかわいらしく、よく見せるための**おしゃれは求められていません。社会人として求められるのは、「身だしなみ」**です。

ビジネスファッションの基本は、**仕事をする上で周囲の人に好感をもたれる**ようにすることが大切。ポイントとなるのが「きちんと感」です。いくらおしゃれで高価な服も、シワが目立っているものは、だらしない印象を与えます。身だしなみがきちんとしていないと、その人自身もだらしないと思われがち。身だしなみを重視して、仕事にのぞみましょう。

仕事服のスタイル

長時間、仕事をしていても疲れにくく、きれいに見えるものを選びましょう。

トップス

無地のシャツやカットソー。レースやビジューなどの装飾は控えめに。下着が見えてしまうような透け感のあるものや、襟ぐりが開きすぎているものは避けて。ジャケットを着用すると、「きちんと感」があります。

ボトムス

シンプルですっきりとした、ベーシックなアイテムを。スカートは膝丈程度のものを、パンツは動きやすいストレッチの入ったものを選びます。黒、紺、ベージュ、グレーをベースにすると着回ししやすくなります。

コレはNG

（肌の露出が高いもの）
- ノースリーブやタンクトップ
- 胸元が大きく開いたシャツ
- ショートパンツ
- ミニスカート
- 素足

（カジュアルすぎるもの）
- ダメージ加工したデニム
- サンダル

靴

長時間、履いていても疲れないローヒールがおすすめ。きちんと手入れをしておきましょう。

Happy Step

ビジネススーツは万能

営業や打ち合わせに行くときなどは、ジャケットにスカートがベスト。

ビジネスにおいて女性の正装は、上下そろいのジャケットとスカート。でも、リクルートスーツは学生の印象が強いので避けましょう。

シンプルなものでも、流行の服は、訪問先によっては、避けたほうが無難です。何を着てよいか不安なときは、先輩に相談しましょう。

こんなときは？

制服があるとき

制服は、シンプルに着こなすのがいちばん。リボンの結び方、ネームプレートの位置、スカートの長さなどを自己流にアレンジすると、だらしない印象になります。制服のルールに従って着ましょう。

また、制服を着たまま外出するときは、会社のイメージを損なう行動は慎みます。

身だしなみとしての メイク&ヘアスタイル

どうして必要？

身だしなみとして、メイクと髪型は重要。ビジネスの場にふさわしい好感度の高いスタイルに。

Goodマナー

表情がよく見える清潔感のあるヘアスタイル

どんな素敵な笑顔も、髪で顔を隠してしまっては見えません。すっきりしたチャーミングなヘアスタイルを心がけましょう。

健康的で好感のもてるメイク

ナチュラルメイクは、その人の美しさを自然に引き立たせるメイク。清楚な印象で、信頼感を与えます。

コレはNG

- ノーメイク。
- メイクが濃い。
- 寝癖のついた髪。
- ボサボサの髪。

身だしなみとして メイク、髪型を整えて

学生の頃は、メイクをすることは個人の自由で、自分の好きな髪型をするのが当たり前だったかもしれません。しかし、**職場ではメイクをすることはマナーであり、清潔感のあるヘアスタイルが身だしなみ**として求められます。

ビジネスではナチュラルメイクが基本。健康的で素肌感を生かしたメイクです。ノーメイクの**「すっぴん」は、男性の無精ひげと同じ**だと考えましょう。

また、ヘアスタイルの重要なポイントは清潔感。特に、接客の仕事では、おじぎの後、顔にかかった髪を手でかきあげるしぐさは、不快感を与えかねません。また、何かするたびに顔に髪がかかると仕事の能率も悪くなり、せっかくの笑顔も台無し。仕事では、すっきりとしたまとめ髪を心がけましょう。

基本のメイク&ヘアスタイル

眉

カットしたり、毛抜きを使ったりして整えます。眉の形はトレンドを意識しつつも、ナチュラルな弓形に。薄い部分はペンシルなどで整えましょう。

目

アイシャドウは、ブラウン系やグレー系の落ち着いた色に。アイラインとマスカラは、濃いメイクになりがちなので、あまり濃くならないように。

チーク

チークを入れると血色がよく見えるので、ほんのり薄くのせるとよいでしょう。

こまめに手入れした髪

傷んだ毛先をこまめにカットし、ヘアスタイルを整えましょう。

髪はすっきりと

カチューシャやピン、バレッタなどで髪をすっきりまとめると、顔の印象も明るくなります。

肌

ナチュラルメイクの最も重要なポイントはベースメイク。日頃のスキンケアを大切にし、自分の肌にあったファンデーションを使い、健康的な肌色を目指します。

唇

口紅は、血色がよく見えるピンクやオレンジ系がおすすめ。オフィスは乾燥しているのでこまめにリップクリームでケアを。

Happy Step

健康な肌と髪を保つには

新入社員は毎日が緊張の連続で、気がつかないうちにストレスをため込みがち。肌や髪にも悪影響を及ぼします。

健康できれいな肌と髪を保つためには、栄養バランスのよい食事と、十分な睡眠を心がけること。また、仕事のストレスは友人とのおしゃべりなどで上手に発散しましょう。暴飲暴食、偏食、夜更かしは美容の敵。高価な化粧品よりも、生活習慣の改善が効果的です。

こんなときは？

ナチュラルメイクならつけまつ毛してもいい？

ファッション関係の職種はOKかもしれませんが、一般のデスクワークや営業などの仕事に、つけまつ毛は必要がありません。つまりナチュラルメイクであろうと、つけまつ毛自体いらないものなのです。

つけまつ毛をつけたいなら、仕事が終わってからにしましょう。

ビジネスにふさわしいネイル&アクセサリー

どうして必要？
基本的に仕事には不必要なものですが、身につけるならビジネスの場にふさわしい、控えめなものを。

Goodマナー

ネイルは控えめな色に

うすいピンク、ベージュ、透明など、控えめな色がベストです。

小ぶりでシンプルなデザインのアクセサリー

仕事に差し支えのない、小さなアクセサリーでおしゃれを楽しみましょう。

コレはNG

- ラインストーンがついているような派手なデザインのジェルネイル。
- 長いつけ爪。
- ジャラジャラ音のする大きなアクセサリー。
- 派手で個性的過ぎるデザインのアクセサリー。

仕事に支障をきたさない範囲で楽しむ

基本的に、ネイルやアクセサリーは、仕事には不必要なものです。とはいえ、パソコンを打つときにネイルをしていると楽しく仕事ができる、大切な人から贈られたピアスをしていると元気づけられるなど、モチベーションを高める効果もあります。**仕事に差し支えない範囲で、控えめに楽しみたい**ものです。

ただし、長いつけ爪や派手なデザインのジェルネイル、ラメの入ったマニキュアは厳禁。ネイルは、薄いピンクやベージュなどの控えめな色を選びましょう。

アクセサリーも大ぶりなもの、派手な色やデザイン、ジャラジャラ音のするものは避けます。仕事では、シンプルで小さめの指輪やネックレス、ピアスがおすすめです。

オフィスでも、ここまでならOK！

ヘアアクセサリー

黒や紺色のバレッタ、バナナクリップ、シンプルなモチーフのついたゴムなど。

NG ゴージャス過ぎるデザイン。

ピアス&イヤリング

上品で小ぶり、シンプルなデザインのものを。

NG 大ぶりで派手なデザイン。

ネックレス

チェーン部分が繊細で、トップもシンプルなものを選んで。

NG 大きいトップ、派手なデザイン。ジャラジャラと重ねづけをする。

指輪

仕事のじゃまにならない、シンプルなリングならOK。基本的には結婚指輪以外はつけないほうがベター。

NG 大きな石、派手なデザイン。5本の指にいくつも指輪をはめる。

ブレスレット

仕事に差しつかえのないシンプルなものを。

NG 派手で音がするようなデザイン。ジャラジャラと重ねづけをする。

ネイル

マニキュアは、淡いピンクやベージュ、透明など、控えめなものがベター。ジェルネイルも同様。

NG ネイルアート、ラメ。派手な色。

Happy Step

手や爪は清潔に

手は、意外と人に見られているものです。なかでも指先は目立つ部分。長い爪は不潔な感じがするのでNG。爪は短く切りそろえ、切った後はヤスリで整えておきましょう。

また、手がガサガサだったり、指先がささくれていたりするのも、イメージダウンにつながります。手を洗うときは爪先まできれいに洗い、ハンドクリームで保湿を心がけましょう。

こんなときは？

香水をつけたいとき

心地よい香りを身につけて仕事をしたいという気持ちはわかりますが、そもそも香水は仕事に必要なものではありません。また、最近では、においによって他人を不快な気持ちにさせるスメルハラスメントが問題になっています。香水を楽しむのは仕事が終わってからに。柔軟剤の強い香りにも注意しましょう。

女性のビジネスグッズ

どうして必要？

仕事をする場に適した小物をもつことが重要。大人の女性としてふさわしい物を身につけて。

Goodマナー

仕事とプライベートで区別

自分好みの色柄、デザインのものはプライベートで使い、ビジネスの場では仕事にふさわしい持ち物を選ぶように。

シンプルで機能的なもの

機能性を重視した、落ち着いた色柄、シンプルなデザインの持ち物は、大人の女性としての知性と品のよさを感じさせます。

コレはNG

- かわいいキャラクターグッズの小物でそろえる。
- 派手な印象のスマホケース。
- ハイブランドのものばかり。
- 学生が使うカジュアル過ぎるグッズ。

知的なアイテムでビジネスセンスをアピール

バッグの中の持ち物や、デスク周りの小物はあなたのセンスが垣間見えるところ。自分がお気に入りのデザインや好きなキャラクターでそろえれば、きっと楽しいでしょう。

しかし、それはあくまで「自分の趣味」。**ビジネスの場では仕事にふさわしい持ち物をもつ**ことが、その人の品格をも表すのです。

化粧ポーチのように、多くの人の目に触れないものは自分好みのものでもOKですが、手帳や文房具、名刺ケースは社内外問わず、多くの人の目に触れるもの。**大人の女性として恥ずかしくない、品のあるもの**を心がけましょう。個性的なアイテムで自分をアピールしたいと思うかもしれませんが、場にふさわしいアイテムをもつことが大切です。

ビジネスのマストアイテム

スケジュール帳

仕事の予定や進行をきちんと記録することが、仕事の第一歩。自分に合った使いやすいスケジュール帳を選びましょう。

スケジュール管理ができるのであれば、スマホやタブレットでもOKです。

腕時計

文字盤が見やすい、シンプルなものを選びましょう。

NG 訪問先で、スマホを時計代わりに見るのは避けましょう。チラ見は、話に集中していないと思われます。

メモ帳・筆記用具

メモ帳やノート、筆記用具は常に持ち歩きましょう。三色ボールペン、蛍光ペンなどもあると便利です。

名刺入れ

名刺交換の際、必ず人の目に触れるもの。シンプルな革製がベストです。

NG プラスチック製やアルミ製の名刺入れは、簡易的なイメージがあります。信頼性を重視するビジネスにおいては、ふさわしくないので避けましょう。

ハンカチ&ティッシュ

女性の身だしなみアイテムとして必要。

ビジネスバッグ

ビジネスシーンでは、A4サイズの書類をそのまま入れることができるバッグがおすすめ。タブレットやノートPCが入るものも便利です。

ロッカーに入れておきたいアイテム

- 歯磨きセット
- 制汗スプレー&シート
- 折り畳み傘
- カーディガンやストール
- 生理用品、鎮痛剤、絆創膏
- ヘア用品（ブラシ、ピン、ゴム、バレッタ、スプレーなど）
- 裁縫セット
- エチケットブラシ
- 履き替え用ストッキング

ロッカーにあると便利なもの

- 黒のパンプス
- ジャケット(黒、紺、グレーのいずれか)

急に上司と取引先に行くことになったときや、通夜に出席することになったとき、プレーンな黒のパンプスやジャケットを身につければ、きちんとした印象になります。

表情美人になる

どうして必要？

第一印象を大きく左右するのが「表情」。好印象をもたれる表情を心がけて人間関係をスムーズに。

Goodマナー

笑顔を心がける

取引先やお客様はもとより、職場の人たちにも笑顔で接しましょう。明るくやさしい表情をすることで、好感度がアップします。

言葉と一致した表情に

表情と言葉が一致しないと、相手に気持ちは伝わりません。謝罪をするときには、申し訳ないという表情を。

コレはNG

- 不機嫌でやる気がない。
- 人と目を合わさないで話す。
- すぐに怒る。
- 話していても、反応がうすい。

表情一つで人間関係がスムーズに

人は視覚からの情報で、第一印象が決まるといいます（37ページ参照）。なかでも**表情は重要な視覚情報**です。当たり前ですが、誰でもやる気のない表情、暗い表情より、明るい表情、やさしい表情の人に好印象をもちます。

その後の仕事や人間関係をよくするためにも、**人と接するときは笑顔**を心がけましょう。微笑みかければ、相手は「感じのよい人」という印象をもち、好意的に接してくれます。笑顔は、信頼を得る武器といってよいでしょう。

やる気があっても、表情が暗いと周囲はそうとってくれません。不機嫌な表情、疲れた表情になっていないか、ときどき鏡でチェックしましょう。たとえ沈んだ気持ちでも、笑顔をつくることで、不思議と前向きになれます。

好印象の表情をつくる

眉

表情をより豊かにする重要なパーツ。眉間にシワを寄せないように注意して。

口

口角を上げた、「い」を発音するときの口の形が笑顔の基本。少し歯を出すと、より明るい表情に。

眼

眼《め》力《ぢから》が強いと威圧的な印象になるので注意。眼の周りをマッサージするなど、筋肉をほぐし、気持ちをリラックス。そうすれば、やさしい目元になるでしょう。

Point!

上がった口角、やさしい目、アイコンタクトの3つを押さえて、明るく感じのよい表情に。

アイコンタクト&相づち

相手を見ることは「あなたに興味がありますよ」というサイン。また相手が気持ちよく話すことができるように、相づちも重要なポイントです。

Happy Step

表情筋トレーニング

顔の表情筋を鍛えることで、表情豊かに、笑顔もつくりやすくします。

1 グーパー

顔のパーツをすべて中心に集めてギューとキープ（酸っぱい顔）、次は全てのパーツをパッと開いてキープ（驚きの顔）。各5秒。

2 あいうえお

口を大きく開けて、ゆっくり「あいうえお」と言う。

こんなときは？

視線を合わせるのが苦手なとき

相手の両目と鼻を結ぶ、トライアングルの中心を見ましょう。始終見つめる必要はありません。会話の重要なところで目を合わせるなど臨機応変に。

緊張して顔がこわばるとき

まずは深呼吸をして気持ちを落ち着かせます。そして、顔を両手でさすって、顔の筋肉をゆるめましょう。

美しい立ち居ふるまい

どうして必要？

女性らしい優雅で落ち着いた動作を身につけることは、仕事にもプラスに働きます。

Goodマナー

一つひとつの動作を優雅に落ち着いて

オフィスでドタバタ動くのは、周囲の迷惑に。一つひとつの動作を落ち着いてこなすよう心がけましょう。落ち着いた行動は、ミスの予防につながります。

姿勢を意識する

姿勢が悪いと、だらしない印象を与えます。一方、背すじが伸びた姿勢は見た目も美しく、感じがよいものです。また、正しい姿勢は体への負担が少なく疲れにくいので、仕事の効率もアップします。

コレはNG

- だらしない。
- 頬杖をついて仕事をする。
- ふんぞり返って座る。
- ドタバタと歩く。

背すじを伸ばし美しい姿勢で仕事を

美しい立ち居ふるまいの基本は、正しい姿勢です。だらけた姿勢や態度で仕事をするのは印象が悪いものです。さらに、前のめりや、背中を丸めてのデスクワークは肩こりや頭痛、腰痛の原因にもなります。

姿勢がよいと、気持ちもシャキッとし、周囲にも誠実に仕事をしているという印象を与えます。

また、歩いているときや、エレベーターで立っているときなどの立ち姿も、意外と見られているもの。ビジネスシーンにおいては、**いつも人に見られていることを意識して、仕事をする**ようにしましょう。姿勢を正す、落ち着いた所作をする……、こうしたことを日頃から意識することで、自然と美しい立ち居ふるまいになるはずです。

美しい立ち方&座り方

美しい立ち方

胸を張る
上体を引き上げ、肩甲骨を寄せるようなイメージで胸を張り、相手をまっすぐ見ます。お腹を突き出さないように注意。

手は前で重ねる
手は自然に前で重ねると、やわらかい印象になります。

背すじを伸ばす&あごを引く
頭頂部の髪が真上に引っ張られ、天井から吊られているようなイメージで。自然とあごが引かれ、肩の力が抜け、背すじが伸びます。

両脚をそろえる
お尻をキュッとしめ、両脚が開かないように意識します。

かかと同士を合わせる
かかとを合わせ、つま先をかるくハの字に開きます。親指の付け根、小指の付け根、かかとの3点にバランスよく体重をのせます。

美しい座り方

あごを引く
あごが前に出ると姿勢が崩れます。軽く引くイメージで。

膝を閉じる
開いてしまわないように注意。

足の裏を地面につける
足の裏全体が地面につくことで、腰への負担が減ります。

背もたれから離れる
背中を背もたれに預けないように、スッとまっすぐ伸ばしましょう。腰に不安がある人は腰にクッションを。

骨盤を立てる
骨盤が寝てしまうと座り姿勢はキープできません。骨盤をしっかり立てることで、背すじが伸びます。クッとおへその下に力を入れることで長時間姿勢をキープすることができます。

美しい歩き方

体の軸を意識

頭のてっぺんから１本の糸で吊られているようなイメージで、体の中心にある１本の軸を意識します。この軸がブレないように意識することで、体幹が鍛えられ、正しい姿勢をキープしやすくなります。

前を向いて胸を張る

うつむいて歩くと姿勢が悪くなります。上体を引き上げ、前を向いて胸を張って歩きましょう。肩の力を抜き、肩甲骨を寄せるイメージで姿勢をつくるといいでしょう。

周囲に気配り

オフィスにはさまざまな人が出入りします。人の通行を妨げないように、端を歩く、通路を譲るなど気配りの心を忘れずに。上司や先輩とすれちがったら会釈や「お疲れ様です」と自分から声をかけましょう。

足はまっすぐ前に出す

足はあまり高く上げずに、前にスッと出します。負担がかかるため、膝はピンと伸ばし過ぎず、やわらかく着地を。そうすることで靴音も静かになります。

背すじを伸ばす

猫背にならないように、背すじを伸ばして歩きましょう。背中は意外と見られています。

物をもつ指はそろえて

書類や資料をもって歩くときは、指をそろえるようにします。

腰から歩くイメージで

骨盤の中央にある仙骨（背骨の付け根）を、後ろから押されるような感じで、腰から前に歩きます。

ビジネスの場での美しいしぐさ

両手を使う

書類や物を差し出すときは、必ず両手で。相手が受け取りやすい向きで渡す心づかいをしましょう。

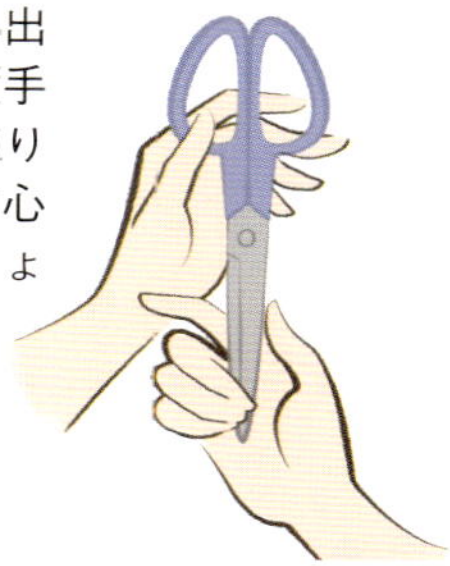

胸の高さでもつ

物をもつ、受け渡すときは、胸の高さで行います。物を大切にしている印象を与え、好感度もアップ。

席を離れても美しく

席を立つときはイスをしまいましょう。30分以上離席する場合は、机の上を整理して。

手で示す

指さしはNG。5本の指をそろえて、「あちらです」と示しましょう。

腰を落とす

落ちた物を拾うときは、腰を落としてから拾うようにします。足を伸ばしたまま拾うと、おしりが強調されてしまい、はしたない印象になります。

ドアは静かに閉める

ドアの開け閉めはゆっくりと、閉めるときは音がたたないように、ドアノブをもって静かに閉めましょう。

おじぎのしかたを使い分ける

どうして必要？

普段のあいさつと、お詫びのときのおじぎは異なります。TPO に応じたおじぎをマスターしましょう。

Goodマナー

おじぎは腰から

おじぎをするときは、頭だけを下げるのではなく、必ず腰から折るのが基本です。

おじぎのはじめと終わりに相手の目を見る

日常の軽いあいさつも、深くお詫びをするときも、おじぎをするはじめと終わりは、相手の目を見るようにしましょう。

あいさつをしてからおじぎをする

おじきには言葉と同時に礼をする「同時礼」と、言葉を伝えた後に礼をする「分離礼」があります。あいさつをしてからおじぎをする分離礼のほうが、よりていねいな印象になります。

コレはNG

- 頭だけを下げる。
- 何度もペコペコする。
- おじぎをする際、相手の顔を一切見ない。
- 早く頭を上げる。

場面にふさわしい美しいおじぎをマスター

美しいおじぎは、立ち居ふるまいの基本です。おじぎは、相手に対して、「敬意、感謝、謝罪」の気持ちを表すためのものですから、**おじぎをするときは、相手に礼を尽くすことを忘れずに。**

また、おじぎには会釈、敬礼、最敬礼と大別して3つの種類があります。場面によってふさわしいおじぎをすることが大切です。

いずれも姿勢を正し、腰から頭にかけて一直線になるよう、ゆっくりと腰を折っていきます。頭を下げる動作よりも、戻す動作をゆっくり行うと、ていねいな印象になります。

首を折って頭だけを下げるのは、おじぎとはいえません。正しいおじぎは、すぐにできるものではないので、鏡の前で練習をして身につけましょう。

おじぎの種類

会釈

角度15度

シチュエーション

- すれ違ったとき
- 用件を聞くとき
- 人に話しかけるとき
- 会議室への入退室のとき

言葉

「お疲れ様です」
「かしこまりました」
「失礼いたします」

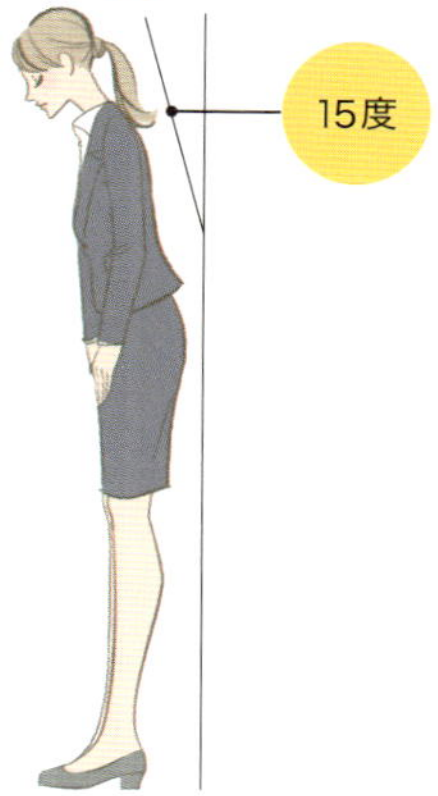

軽いあいさつ

すれ違ったときなど、軽いあいさつをする場合のおじぎ。相手の目を見てから、おじぎをします。

おじぎのしかた

「1」で礼、「2」で止め、
「3、4」で戻す

敬礼（普通礼）

角度30度

シチュエーション

- 出迎えのとき、見送るとき
- はじめて会う人とあいさつをするとき
- 取引先へ訪問したとき
- 感謝の気持ちを伝えるとき

言葉

「いらっしゃいませ」
「お待たせいたしました」
「ありがとうございました」

日常的なおじぎ

お客様を出迎えるときや、取引先ではじめて会う人にあいさつをするときなど、きちんと対峙《たいじ》するときのおじぎ。

おじぎのしかた

「1、2」で礼、
「3」で止め、
「4、5、6」で戻す

最敬礼

角度45度

シチュエーション

- お詫びのとき
- 深い感謝を伝えるとき
- 車が立ち去るときなどの見送り

言葉

「大変申し訳
ございませんでした」
「感謝申し上げます」

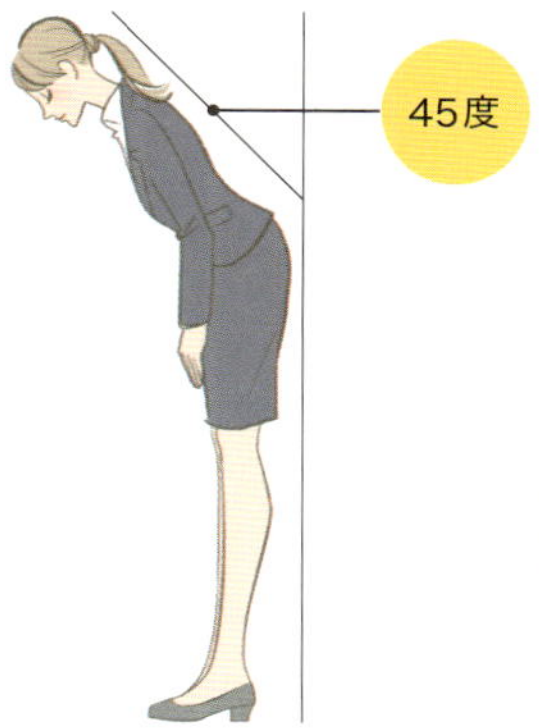

ていねいなおじぎ

お詫びをするときや、お客様の車を見送るときなどにするおじぎ。腰から深く、ゆっくり頭を下げます。

おじぎのしかた

「1、2、3」で礼、
「4」で止め、
「5、6、7、8」で戻す

column

一人ひとりが会社の「顔」

自分の対応が会社のイメージにもつながる

会社員として組織の一員になるということは、対外的には、一人ひとりがその会社の「顔」になるということです。お客様へのあいさつ、電話の応対など、よくも悪くも社外の人は「○○会社の人は…」と評価します。自分は会社の顔であり、会社の看板を背負っているということを常に意識して、対応することが大切です。

また、会社の制服を着用しているときは、いつも不特定多数の人から見られていることを忘れてはいけません。社員証は昼休みなどの外出時はポケットやバッグに入れましょう。昼休みに入ったお店で、店員さんに横柄な態度をとったり、順番待ちをするときにマナー違反をしたりすれば、個人だけでなく、会社のイメージまで損ないかねません。社会人として常識ある行動を、会社の内外を問わず心がけるようにしましょう。

外では社名や個人名をむやみに口にしない

仕事を終え、会社を出た後も、会社のイメージを損ねないことが大切です。

たとえば、電車の中や友人同士の集まりなどでは、むやみに自分の会社名を出したり、○○部の△△課長といった特定の人物の話をしたりするのは避けましょう。会社の状況やうわさ話、関係会社や取引先、お客様の話も軽々しく口に出してはいけません。

世間は意外と狭いもの。どこで、誰が聞いているかわかりませんし、たとえそれが批判や中傷でなくても、小耳にはさんだ人がどう受け止めるかはさまざまなので、気をつけましょう。

Part 3

基本厳守！

社会のルール&働き方

仕事をする上で必要な
ルールやマナーを身につけて
オフィスで気持ちよく働きましょう。

出社から退社までのマナー

どうして必要？

規律を守り行動することが、さまざまな年齢や経験をもつ人が集まる会社組織で求められます。

Goodマナー

離席するときはひと声かける

お昼に外出する、会議室に資料を届けるなど、しばらく離席するときは、上司や同僚に、ひと声かけます。また、離席する際は必ずイスをしまうことも忘れずに。

就業時間は業務に専念

出社から退社まで、上司や先輩の指導を受けながら、与えられた仕事をしっかりこなしましょう。自分勝手な行動はNGです。

コレはNG

- 仕事中、インターネットで遊ぶ。
- 外出先から帰ってこない。
- 勝手に私用で出かける。
- 頼まれた仕事が終わったら、何もしない。

就業時間は仕事以外自分勝手なことをしない

会社で働くということは、さまざまな人と協力し合いながら、会社の有益になる仕事をするというものです。その報酬として**給料をいただくわけですから、就業時間は会社の仕事に専念**しなくてはいけません。これは、社会人としての基本です。

化粧室に長時間いて席に戻らなかったり、私的な用事で外出をしたり、頼まれた仕事が終わったからといってネットサーフィンをしたりするのはもってのほか。自分勝手な行動はNGです。

やむを得ない事情で、私用の外出や電話などをする場合は、必ず上司の許可を得るようにします。また、忙しそうな上司や先輩には自分から声をかけ、コピーや書類整理など、できることを積極的に申し出ましょう。

出社したら

職場の人にあいさつ

会社に着いたら、明るく「おはようございます」と、自分からあいさつをしましょう。あいさつをされてから返すのは、返事でしかありません。

始業前の準備

１日を気持ちよく過ごすために、窓を開けて空気を入れ換えたり、机を拭いたり、ホワイトボードをきれいにしたり、オフィスの環境を整えましょう。

今日の予定をチェック

始業時間の10分前には席に着いてパソコンを立ち上げてメールチェックをしたり、その日に必要な書類をそろえたり、今日の仕事の予定や段取りを確認したりします。

デスク周りは整理整頓を！

デスク周りが片づいていないと、必要な書類やメモをすぐに見つけることができません。仕事の効率をよくするためにも、整理しておきましょう。

- **書類は分類**
  資料は取引先別、用途別に分類し、ファイリングを。
- **メモは貼りっぱなしにしない**
  済んだものは、はがして捨てましょう。
- **私物を置かない**
  私物はロッカーや机の中に入れるようにします。
- **退社前に片づける習慣を**
  机の上を整理整頓してから帰るようにしましょう。

仕事中に気をつけること

わからないことは上司や先輩に質問する

仕事でわからないことがあれば、質問しましょう。自己判断で勝手に進めるのは危険です。ただし、何でも相談するのではなく、整理してからに。

静かに集中して取り組む

大きな声で話したり、バタバタ音を立てて歩いたりなど騒がしくするのは周囲の迷惑。仕事は静かに取り組みましょう。

納品日の件で、
お伺いしたいことが
あるのですが…。

行ってまいります！
行動予定表
○○
○○会社

外出するときはひと声かける

仕事で外出するときは、ひと声かけて出かけましょう。部署やチームの情報共有として、行き先、戻り時間はホワイトボードなどに記入してはっきりとさせておきます。上司にも必ず報告を。

Point!

自ら仕事をつくり出そう

仕事は、「言われたことをやればよい」ものではありません。常に自分から仕事を見つけ「言われた以上のこと」をするように心がけましょう。

職場でのNG行動

オフィスは自宅ではありません。たくさんの人が働く場所なので、ルールとマナーを守りましょう。

- **デスクで化粧直し**
  化粧直しは洗面所で行う。
- **おしゃべりが多い**
  私語は慎む。
- **インターネットを私用に使う**
  仕事に関係のないサイトを見たり、ネットショッピングをするのは厳禁。
- **スマホや携帯電話をいじる**
  仕事中はマナーモードに。SNSや私用メールのチェックはいけません。

退社するとき

何かお手伝いできることはありませんか？

自分に手伝えることがないかと聞く

終業時間近くでも、上司や先輩が忙しく仕事をしている場合は、自分に手伝えることがないか、ひと声かけましょう。

上司に仕事の報告をする

退社前に、その日に行った仕事の報告をし、明日行う仕事の確認をします。

お先に失礼いたします。

帰宅することを伝えて帰る

終業時間になり、頼まれた仕事が終わったら、上司や先輩にあいさつをして退社します。黙って帰るのはNGです。

Point!

帰る際は、自分のデスク周りを整頓し、周囲に退社したことがわかるようにします。

Happy Step

仕事の効率を考える

仕事を効率よく進めるためには、優先順位を明確にすることが大切です。そのためには、朝、1日の仕事の予定を書き出し、優先順位の高い仕事から手をつけるようにします。また、一つの仕事にどれくらい時間がかかるのかを意識すると、次に同じような仕事をするときの目安になります。

なお、もしも予定どおりに終わらないときは、早めに上司へ相談をしましょう。

こんなときは？

残業を頼まれたとき

期日がせまっている仕事は、残業をしないと間に合わない場合があります。チームで行っている仕事は、できるだけ快く引き受けましょう。

ただし、予定があって残業できない場合は、事情を説明します。その代わり、翌日早く出社するなど、仕事を終わらせるための努力をして周囲に迷惑をかけないようにしましょう。

遅刻・欠勤・早退をするとき

どうして必要？

遅刻をしないことが基本。やむを得ないときは、必ず連絡をすることが最低限のマナーです。

Goodマナー

遅刻・欠勤は電話で連絡

自ら上司に電話をし、遅刻・欠勤の理由を述べます。寝坊の場合も正直に伝え、お詫びをしましょう。

連絡は始業前に

周囲へ迷惑をかけないためにも、始業10分前には必ず連絡をしましょう。

早退も上司の了承を得てから

前もってわかっているときは、上司に報告をして、早退届を出します。急な出来事で早退をする場合も必ず上司へ報告し、了承を得てからにします。

申し訳ありません。寝坊してしまいました。30分ほど遅れます。よろしくお願いいたします。

コレはNG

- 親に欠勤の連絡をしてもらう。
- 無断欠勤・遅刻をする。
- 始業後に連絡をする。
- 同僚に連絡をして、上司には連絡をしない。

周囲に迷惑をかけないことを最優先に

社会人になると、**欠勤・遅刻・早退は自分だけの問題ではありません。無断欠勤・遅刻は社会人として最大のルール違反です。**急な欠勤をすると、同僚や上司、お客様に迷惑をかけてしまいます。

欠勤や遅刻をするときは、体調が悪くても、始業10分前には上司に電話で連絡をして理由を伝え、許可を得ます。上司が席を外している場合は、電話に出た人に欠勤・遅刻をすることを伝え、時間をおいてまた上司に電話をします。アポイントを入れた仕事がある場合は、上司に相談して引き継ぎや対処をお願いします。

また、急な用事で早退しなくてはいけないときも、必ず上司の了承を得ること。仕事の引き継ぎをして、迷惑を最小限におさえる配慮が大切です。

会社への連絡のとり方

遅刻

1
08:30 運転見合わせ
08:40 運転見合わせ
2
申し訳ありません。
電車が事故で遅れて、
今〇〇駅です。
15分後には会社に
着くと思います。

- 始業前に、上司へ電話連絡。
- 遅刻の理由（通勤時の急病やケガ、電車の事故など）を述べ、どのくらい遅刻するのか、出社予定時間を伝えます。
- 電車遅延の場合は、「遅延証明」を鉄道会社にもらい、上司に提出。
- 事故などで電車内に閉じ込められた場合、メールで上司や同僚に状況を連絡し、電車を降りてから改めて電話連絡をします。

★やむを得ない事情で遅刻した場合も、報告とお詫びは忘れずに。

欠勤

申し訳ありません。
本日は体調が悪いので、
休ませていただきます。

- 前もってわかっている場合は事前に、体調不良や家族の不幸など急な事情で欠勤する場合は、始業10分前には上司に連絡をします。
- メールやFAXは、送ればすぐに相手が確認してくれるとは限りません。早く確実に連絡をとるためにも、電話で連絡を。
- 上司にその日の仕事の予定を伝え、日程をずらすか、同僚に代わってもらうか相談し、仕事の引き継ぎをします。

★欠勤明けには、上司はもちろん、仕事のフォローをしてくれた人たちに、必ずお詫びとお礼を伝えます。

早退

申し訳ありません。
母の入院に付き添うため、
本日はこれで早退させて
いただきます。

- 前もってわかっている場合は事前に、体調不良や家庭の事情などでやむを得ず早退するときは、上司にその理由を伝え、許可を得ます。
- 仕事に支障がおこらないよう、引き継ぎをします。

★やむを得ない事情で早退した場合も、出社したときはフォローしてくれた人たちに、お詫びとお礼を伝えます。

会社での人の呼び方

どうして必要？

社内、社外で人を呼ぶときは、立場によって呼び方が変わります。

Goodマナー

自分の会社のことは「当社」「弊社」

「うちの会社」と言ってOKなのは内輪のくだけた席だけ。自分の会社のことは、「当社」「弊社」「わたくしども」と言います。

自分のことは「わたくし」

会社の上司、取引先の人やお客様と話すときは、自分のことを「わたくし」と言いましょう。

上司は役職で呼ぶ

部長、課長などの役職名・肩書は敬称です。上司を呼ぶときは、「星野課長」など、名字＋役職名で呼びます。

井上部長、
〇〇社の佐々木様が
いらっしゃいました。

コレはNG

- 〇〇君、〇〇ちゃん、呼び捨てで〇〇と呼ぶ。
- 役職名の後に、「さん」「様」をつけて呼ぶ。
- 自分を「あたし」と言う。
- 同僚や後輩をニックネームで呼ぶ。

社内では役職に応じた呼び方で敬意を表す

役職は、責任や権限を区別するものです。役職を間違えるのは、名前を呼び間違えるのと同じくらい失礼にあたります。呼ぶときは十分気をつけましょう。

また、**役職には、敬称の意味が含まれます**。そのため、役職のある人を呼ぶときは、「課長さん」と役職名に「さん」をつけず、**「〇〇課長」「〇〇部長」と呼ぶのが慣例**。なお、たとえば社内では普段「佐藤課長」と呼びますが、社外の人の前では、「佐藤」と呼び捨てにするか、「課長の佐藤」と呼び方が変わります（94ページ参照）。

ただし、最近では役職をあまり置かない会社も少なくありません。また、役職があっても、全社員「さん」づけで呼ぶようにしている会社もあります。人の呼び方は、社内のルールに従いましょう。

仕事での人や会社の呼び方

	呼び方	
自分	わたくし、わたし	「わたくしは、営業の佐藤と申します」
役職者	○○部長、○○課長	「加藤課長、先日の○○の件でご相談があります」
先輩・同僚・後輩	○○さん	「山口さん、この資料はどこでしょうか」
社外の人（お客様、取引先の人）	○○様、○○さん	「久保田様、お待ちしておりました」
社外の人（役職者）	○○部長、部長の○○様	「○○部 部長の木田様をお願いできますでしょうか」
自分の会社	当社、弊社、わたくしども	「当社としては、A案で進めたいと思っております」
相手の会社	御社、貴社、○○社様	「御社の見積書を拝見いたしました」

報告・連絡・相談はタイミングよく

どうして必要？

仕事を円滑に進めるために不可欠なもの。上司や周囲にホウレンソウをして仕事を進めましょう。

Goodマナー

密な連絡・報告をする

関係者に仕事の進行状況をこまめに連絡・報告して、全員が仕事の進行状況を共有するようにします。

早めに相談

不安な点があったり、ミスをしたりしたときは、上司へ早めに相談します。自己判断は禁物です。

聞かれる前に報告

指示された仕事は、自分からまめに報告します。進行状況、これからの予定、事後の報告などを簡潔にまとめて伝えます。

Aの案件ですが、〇〇社の担当者と連絡がつき、15日の10時に会うことになりました。

コレはNG

- 上司から聞かれるまで報告をしない。
- 連絡事項を伝えない。
- 途中経過を報告しない。
- 何でも自己判断で勝手に進める。

情報共有のためにホウレンソウを徹底する

仕事を円滑に進めるためには、情報の共有が欠かせません。そのために必要なアクションが**報告・連絡・相談（ホウレンソウ）**です。

報告とひと口にいっても、現状報告、途中経過の報告、結果報告があり、必ずしも報告→連絡→相談の時系列ではありません。

大切なのは、常に関係者と情報を共有しておくことです。わからないことがあったら、すぐに上司へ相談しましょう。わかったふりをするのは禁物です。

報告や連絡を怠ると、情報共有ができないため、ミスが起こりやすくなったり、場合によっては仕事が滞ることもあります。トラブルが起きても、すぐに相談をすれば被害を最小限におさえられます。**全ての仕事においてホウレンソウを徹底しましょう。**

ホウレンソウのポイント

ホウ……報告

Bの案件をご報告します。
注文数の変更により、
納品が3日遅れの
18日になりました。

仕事の指示をした上司や先輩に、どのような過程で進行しているか、どんな結果になったかを伝え、情報を共有します。

- 仕事の進行状況
- 仕事の途中報告、結果報告
- ミスやトラブルの報告 など

★こまめな報告は、ミスやトラブルを最小限にとどめることができます。また、相手の仕事の準備にもつながります。

レン……連絡

A社の田中さんより、
イベントのために
商品数を増やしてほしいと
連絡がありました。

仕事の状況を常に把握してもらうために、関係部署や社外の担当者に連絡をします。

- 打ち合わせの日時
- 仕事内容の変更
- 会議の議事録や決定事項
- 社内行事
- 出張の行き先や連絡先 など

★連絡事項は、口頭、メモ、メールなど、内容や緊急性によって、適した連絡ツールを使いましょう。

ソウ……相談

A社に18日11時の納品を
約束していましたが、C社より
昨日の台風の影響でいつもの道路が
通行止めになっているので、
予定日時の納品が難しいと言われました。
いかがいたしましょうか。

仕事を進めていく中で、問題が起きたり、どう進めたらよいか判断がつかなかったりしたときは、自分なりに考えた上で上司に相談して指示を仰ぎます。

- 仕事の進め方
- お客様からのクレーム
- 自分で判断ができないとき
- 仕事での行き詰まり など

★目の前の仕事ではなく、職場の人間関係、将来的な仕事の話も、一人で悩まず、上司に相談しましょう。

報告の流れ

指示をした人に直接、口頭で報告するのがいちばんです。

ただし、不在時はメールで報告し、あとで口頭報告をします。

「あの件は、どうなっている？」と、催促をされる前に自分から早めに報告しましょう。

1 報告内容を整理する

相手にわかりやすく伝えるために、まずは整理して、簡潔にまとめます。

2 相手の都合を聞く

「今、お時間よろしいでしょうか」と声をかけ、相手の都合を聞いてから話します。タイミングが大切です。

3 結論から述べる

何の報告なのかをはじめに伝えます。

○○の件の返事は、A社の飯島さんから今月中にいただく予定です。

4 事実を報告する

自分の意見や憶測ではなく、結論に至るまでの事実のみを簡潔に伝えます。

提案した中では、B案が有力だと飯島さんがおっしゃっていました。

5 自分の意見を述べる

最後に、自分の考えを述べて、相手の意見を聞きます。

わたくしとしては、飯島さんから返事をいただく前に、再度説明に伺ったほうがよいと思いますが、いかがでしょう。

Point!

- 仕事の指示を出した人に報告する。
- 事実と、自分の意見を一緒に述べず、区別して伝える。
- 場合によって、書面で報告後、口頭で補足をする。
- 電話で報告したときは、あとで直接口頭で報告をする。

間違いやアクシデントは早めに報告を

自分のミスや、トラブルなど悪いことは、上司になかなか言い出しにくいものですが、時間が経つほど問題は大きくなりがち。自分で何とかしようとしたり、ずっと黙っていたりせず、とにかく早めに報告するようにしましょう。

連絡のしかた

連絡をするときのポイントは、口頭、電話、メール、文書、メモなどのツールを上手に使って、確実に相手に伝えることです。

正確・簡潔に伝える

関係先からの問い合わせ、変更の連絡があった場合など、5W3H(69ページ参照)で内容を整理し、情報を整理して事実を伝えます。

来月の20日にA社で
新製品の発表があるので、
ぜひ来てほしいと、
佐藤様よりご連絡が
ありました。

情報を共有する

一緒に仕事をするプロジェクトの関係者リストを作成しておき、必要な情報を共有しましょう。

上司が会議や接客中の場合

会議中や接客中に連絡をするのは、基本NG。しかし、前もって電話があったら連絡するように指示されていたり、急を要することがあったりした場合、「お話中、失礼いたします」とひと言断り、用件を書いたメモを渡します。その際、会議の参加者やお客様に、メモ内容が見えないようにすることが大切です。

相談のしかた

何でもかんでも相談するのはNG。自分なりの対策を考えてから、上司に相談することも大切です。

1 相談内容を整理する

相手に伝わるように、相談したいこと、事実関係、自分の考えを簡潔にまとめます。

2 都合を聞いた上で相談をする

相手の都合を聞き、相談の時間をつくってもらいます。状況を説明して、アドバイスをもらいます。

★アドバイスを受けるときは、大切な部分はメモするようにしましょう。すると、その後同じような案件があった場合、対応できます。

先日は、ありがとうございました。〇〇の件、解決しました。青木課長のアドバイスのおかげです。ありがとうございました。

結果を報告

相談した相手には、その後アドバイスを受けてどうなったのかを、必ず報告し、お礼を述べましょう。

指示を受けるとき

どうして必要？

仕事のミスを防ぎ、効率よく進めるために、指示の受け方のポイントをおさえておきましょう。

Goodマナー

わからないままにしない

指示を受けた後、わからないことがあったら質問します。よくわからないままに進めるのは禁物です。

指示されたことをしっかりメモする

小さな仕事でも間違いがないようにするには、指示を正しく受け取ることが大切です。指示内容は必ずメモするようにしましょう。

会議資料を
5日までに5部
用意してね。
5日中？
それとも5日の
朝イチかな…。
はい。15日までに
1カ月の在庫データを
まとめます。

コレはNG

- メモをとらずに話を聞く。
- わからないことを確認しない。
- 指示内容を勝手に変更。

指示は受けるときも出すときも正確に

新入社員の仕事の多くは、上司や先輩から指示を受けることから始まります。**「指示を受け」⇒「指示どおりにこなす」ことが仕事の基本**となります。

はじめは在庫を数える、コピーをとるなど、どれも小さな仕事に感じるかもしれません。しかし、どんな仕事でも、一人ひとりの仕事がチーム（組織）の仕事につながっています。手を抜かず、ミスがないように取り組みましょう。

指示を受けるときは、必ずメモをとります。内容を書き留めながら、疑問に思ったことも書いておきましょう。話を全て聞き終えたら、疑問点を質問し、再度、指示内容を確認します。

キャリアアップして、指示を出す立場になったときも、明確な指示出しを心がけましょう。

指示の受け方・仕事の頼み方

指示を受けるとき

1 準備をする

いつ声をかけられても大丈夫なように、すぐに手が届くところにメモと筆記用具を用意しておきます。

2 名前を呼ばれたら「はい」

呼ばれたら、仕事の手を止めます。体ごとその人のほうを向き、明るくはっきりとした声で返事をしましょう。

3 メモをとりながら話を聞く

上司の斜め前に立ち、メモを手に話を聞きます。疑問は書き留め、相手の話はさえぎることなく、最後まで聞きましょう。

4 5W3Hで確認

話が終わったら、わからないことを質問。最後に「5W3H」（下記参照）で指示内容を復唱し、間違いや聞き漏れがないことを確認しましょう。

指示を出すとき

1 要点から伝える

お願いしたい仕事の内容を、まずは短く簡単に伝えます。相手がどう受け取るかを考え、相手の立場にたってわかりやすく解説します。

2 詳細を5W3Hで伝える

仕事の詳細を、「5W3H」（下記参照）の順で明確に伝えましょう。「何を」「いつまでに」「どうしてほしいか」は必ず伝えます。

3 復唱してもらい確認

伝えたい内容が伝わっているか、確認のために復唱してもらいます。細かな数字や、内容が複雑な場合は、書面でフォローしましょう。

4 進行を確認・管理

頼んで終わりにならないよう、仕事の進行を管理するのも大切な役目です。

仕事の基本となる「5W3H」

- **What**…何を（用件の内容・目的）
- **Who**…誰が、誰に（担当者、関係者）
- **When**…いつ、いつまでに（日程、期限）
- **Why**…何のために、なぜ（理由）
- **Where**…どこへ、どこで（場所）
- **How to**…どのように（手段、方法、道具など）
- **How much**…いくらで（予算、費用）
- **How many**…どのくらい、いくつ（数量）

9マスメモ

指示を受けたとき、「9マスメモ」を作っておけば、書き込むだけで仕事がスムーズに。

何を 資料をコピー	なぜ 会議で使用	どのように プリントアウトしてホチキス留め
誰が 遠藤グループ長より	会議の資料準備	いくらで ×
いつ 明日午前中（会議は14:00～）	どこで 4F会議室B	どのくらい 15部（うち予備3部）

仕事でミスをしたとき

どうして必要？

ミスをしたことよりも、その後、〝どう対処するか〟が重要です。

Goodマナー

自己判断で対処しない

評価が下がるのをおそれ、自分一人でミスをなんとか処理しようとするのは危険。さらにトラブルが大きくなることがあります。上司に報告後、対処法についての指示を受けましょう。

同じミスを繰り返さない

誰でもミスはします。次回からは同じミスをしないよう、「確認を怠らない」「〇〇さんにもチェックしてもらう」など、具体的な対策法をデスクの見えるところに貼っておくのもよいでしょう。

まずは上司に報告、お詫びを

事故処理は時間勝負。ミスに気づいたら、すぐに上司に報告をします。その際、言い訳はNG。ていねいに謝罪しましょう。反省の心がないと、周囲の信頼を失ってしまうことになりかねません。

申し訳ありません。
実は、A社への
発注数を間違えて
しまいました。

コレはNG

- ミスを隠す。
- 自己判断でミスの対処をする。
- 言い訳をする。
- 他人に責任をなすりつける。
- 同じミスを繰り返す。

ミスをしたらただちに報告&謝罪

仕事に慣れないうちは、ミスをしてしまうもの。また、キャリアを重ねたベテランでも思いがけずミスやトラブルを引き起こしてしまうものです。**重要なのは、ミスをしてしまったことより、「ミスをどうリカバリーするか」**です。

ミスに気づいたら、迷わずに上司や先輩に報告しましょう。言い出しにくいかもしれませんが、隠したり、自己判断で対処したりすると、重大なトラブルに発展しかねません。事故処理は時間が勝負。早く対処するためにも、すぐに報告をすることが大切です。

報告するときは、結論から単刀直入に、自分の憶測や言い訳は入れず、ありのままを伝えて上司や先輩に判断を仰ぎます。指示を出されたら、誠意をもって解決のために動きましょう。

ミスをした後の動き方

1 上司に報告

まずは謝罪を。どんなミスをしたか結論から伝えます。自分の意見や憶測は入れず、客観的にありのままを報告しましょう。

2 判断を仰ぐ

ミスをどうリカバリーするか、上司に判断を仰ぎます。自分勝手に判断をして行動をするのはNG。ただし、自分なりの解決に向けての行動を考えた上で、上司に判断を仰ぐことも大切です。

3 報告、お詫び、お礼

対処が終わったら上司に報告をするとともに、お詫びとお礼を言いましょう。手伝ってくれた先輩などにもお礼を言います。

4 再発防止策を考える

同じミスを繰り返すことのないように原因と対策を考えましょう。なぜ起きたのか、どうしたら防げたかを掘り下げます。

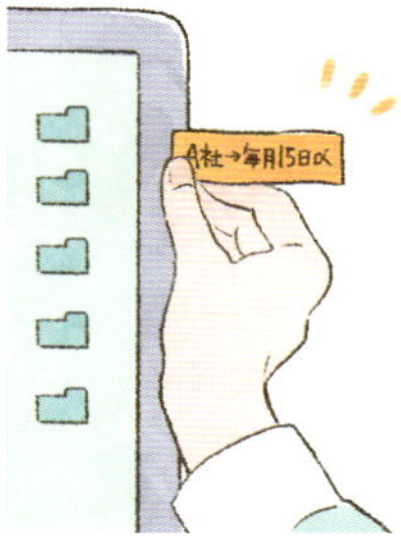

Happy Step

言い訳はNG

ミスをした際、言いたいことは山ほどあるかもしれません。しかし、どんな背景があったとしても、自分の落ち度を認めて謝罪することは、社会人としてのマナーです。

仕事において「謙虚さ」は大切。素直な気持ちをもち続けるようにしましょう。そして、同じ間違いを繰り返さないように、何事も確認をしてから仕事を進める習慣をつけましょう。

こんなときは？

ミスをして自信を失ったとき

誰でもミスはするもの。成長のチャンスととらえましょう。

気をつけていてもミスをしてしまうとき

「確認ミス」「思い込みミス」「うっかりミス」「指令を取り違えたミス（本来の目的と違うことをする）」のうち、自分のミスはどれか、分析し、予防につなげましょう。

個人情報、企業情報の扱い方

どうして必要？

万が一、漏えいしてしまうと、大きな損害を会社に与えます。取り扱いには十分気をつけましょう。

Goodマナー

職務上、知り得た情報は漏らさない

開発中の商品や、進めているプロジェクト、取引先の情報など、仕事中に知った会社の内部情報は秘密保持しなければなりません。SNSに上げるのは厳禁です。

社外で会社の話をしない

会社から一歩外に出たら、会社の人のこと、仕事内容、取引先のことについて話すことは避けましょう。公共の場で仕事の話はNGです。

業務用端末やUSBを使う場合は要注意

業務用のノートPCやタブレットをもち出したときは、置き忘れなどに十分注意を。また、USBメモリは紛失してしまう危険性が高いので、できれば社外にもち出さないのがベスト。

コレはNG

- パスワードを見えるところに貼っておく。
- 重要書類を雑に扱う。
- 内部情報を人に話す。
- USB の中に、会社とプライベートの情報を混在させる。

情報は会社の財産 取り扱いは要注意

会社では、さまざまな情報が飛び交っています。働いている中で、社員やお客様の個人情報を知り得たり、社外秘の書類を取り扱ったり、取引先の情報を得ることもあるでしょう。これらの個人情報や企業情報に対して、社員は**秘密保持の義務**があります。

発表前の新製品情報や、会社の人事の情報は、株価を左右するほどの重要な情報です。また、個人情報は悪用されれば大変なことになります。こうした情報が流出すれば、損害賠償による金銭的損失、社会的信用の失墜といった大ダメージを受けます。

パソコンやUSBメモリを社外に持ち出すことで、情報が流出することもあります。重要な情報を扱っているという自覚をもって慎重に扱うようにしましょう。

情報漏えいを防ぐポイント

書類はシュレッダー

数字や顧客名の入った書類を処分する際は、必ずシュレッダーにかけましょう。ゴミ箱に捨てるのはNG。

離席時は要注意

席を離れるときは、机の書類は裏返しにします。パソコンは作業中のデータを開いたままにせず、スリープ状態にする習慣をつけましょう。

内部情報は話さない

仕事で知った情報を、家族や友人に話してはいけません。故意でなくても、思わぬところで人から人へと広がってしまう可能性があります。

重要機密情報・書類はもち帰らない

仕事が終わらないからと、資料やデータを許可なく自宅にもって帰るのはNG。資料を入れたかばんを盗られたり、USBを紛失したりと非常に危険です。

Happy Step

データの扱いは要注意

デジタルデータは取り扱いが手軽で便利な反面、漏えいという非常に危険な一面をはらんでいます。

たとえば、メールの誤送信や、クラウド上のデータハッキング、ウイルス感染によるパソコンのハッキングにより、簡単に大事な情報が漏えいしてしまう可能性があるのです。

会社のパソコン、データの取り扱いには十分に注意を払うことが大切です。

こんなときは？

資料をもったまま直帰になったとき

紛失を防ぐために、寄り道しないで帰宅を。電車内で不用意に資料を見るのも厳禁です。

友人と仕事の話になったとき

人事異動の話や、社内のお金のこと、プロジェクトについての情報を話すのはNG。「仕事は大変だよ」など、当たり障りのない内容にします。

SNSを使うとき

どうして必要？

使い方を誤ると、思わぬトラブルを引き起こす原因になります。十分注意しましょう。

Goodマナー

目的をしっかり見極める

自分の日常をさらすようなSNSの使い方はやめましょう。SNSはあなたの日記や手帳ではありません。

社内情報はSNSに投稿しない

軽い気持ちで開発中の商品や、社内の人間関係について投稿しないようにします。

写真は了解を得てからアップ

写真をSNSにアップする場合は、必ず写っている人の了解を得てからにします。同僚との日常スナップも、アップするときは「SNSにアップしたいけどいい？」と確認をとることが大切です。

コレはNG

- 内部情報を投稿する。
- 撮影したものを無断でアップ。
- 会社のグチや悪口を投稿する。
- 就業時間内に投稿・チェックする。
- 交友関係をせきららに投稿する。

自覚と覚悟をもってSNSを使いこなす

コミュニケーションツールとして欠かせないSNS。学生の頃と同じ気持ちで利用していると、思わぬトラブルの原因になり、社会的信用や地位を失いかねません。

SNSを円滑に使うためには、「何を目的に使うか」を明確にすることが重要です。プライベートで使用しているとはいえ、社会人である以上、組織の人として見られていることを意識することが重要です。

また、SNSは一見、閉鎖的な空間に思えますが、公共の場であり、多くの人が見るものです。社内の人、取引先の人と距離が縮まれば、SNSでつながることもあるでしょう。

自分の内面や生活、趣味嗜好をその人たちにどこまでの覚悟をもって知らせるのか、冷静になって考える必要があります。

守りたい！ SNSのマナー

社内情報は投稿しない

会社の新製品や新情報を無断で投稿するのはNG。また、仕事関係の人の名前や役職も投稿してはいけません。

就業時間中は利用しない

就業時間中にSNSを見たり投稿したりしないこと。また、会社のPCからアクセスすると、服務規程違反になることも。会社の規程を確認しましょう。隠れてアクセスしても、最終ログイン時刻や、投稿時間（コメントも含め）が記載されます。

写真の投稿に注意

社内で撮影した写真は、思わぬ書類や情報が写りこむ可能性があります。出張先も営業活動が推測されるため要注意です。また、業務外でも一緒に写っている人で、誰といたかが特定されます。同期だけの飲み会や、社内恋愛をしている場合など注意が必要です。

人のプライベートを口外しない

SNSで知ったことを、本人の許可なく人に話してはいけません。反対にオフラインで知ったことを、本人の許可なくSNSに投稿することもNGです。

代表的なSNSの特徴と役割

Facebook
- 実名でつながる、ネット上の「オフィシャルな顔」
- ビジネスツールとしても活用される

Twitter
- 匿名性の高いSNS
- ハッシュタグ、リツイートによる情報の高い拡散力

Instagram
- 画像共有サービス
- 視覚的に「眺める」ことを楽しむ

LINE
- 日本で最もユーザーの多いSNS
- クローズドな連絡ツール

Happy Step

情報は半永久的に生き続ける

SNSでの非常識な投稿が炎上し、ニュースになっています。たとえ限定公開だったとしても、一度インターネット上に出てしまった情報は、取り消すことが難しく、半永久的に残ることを覚えておきましょう。

指先だけで簡単に操作できてしまうからこそ、分別をもつ必要があります。投稿する前に、一度冷静になって読み返すようにしましょう。

こんなときは？

会社の先輩から友だち申請がきた

人間関係を良好に保つには、断らないのがマナーです。無視や放置は厳禁。読まれたくない内容があるなら、前もって整理を。ビジネス用のアカウントをつくるのも一つの手です。

SNSの使い方がわからなくなった

SNSごとに「書いてはいけないこと」を書き出して、自分ルールを決めましょう。

有給休暇のとり方

どうして必要？

仕事はチームで回しています。早めに申請して、きちんと引き継ぎを行います。

Goodマナー

上司に相談

旅行を計画している場合、予定している日にちを上司に相談し、その期間、仕事を休んでも大丈夫かを確認します。

6月10日から2日間、お休みをいただきたいのですが、よろしいでしょうか。

繁忙期は避ける

有給休暇をとるときは、仕事に支障がないときを選びましょう。繁忙期に休むと、周囲の人への負担が大きくなります。

不在のときの引き継ぎを

休んでいても仕事がストップしないよう、上司や同僚に仕事の引き継ぎや報告をしておきます。

コレはNG

- 繁忙期に休む。
- 直前に休みたいと伝える。
- 休暇届を提出しない。
- 相談なしに休暇を決める。
- 仕事を残したまま休む。

有給休暇は計画的に取得

有給休暇は繁忙期を避け、業務に差し支えがないように、上司をはじめ周囲と相談してから取得しましょう。急な体調不良による有給休暇取得はしかたありませんが、休暇届は基本、周りの人へ仕事をお願いすることを考え、事前に提出しましょう。

旅行などで数日休む場合は、仕事のスケジュールを確認・調整してから、上司や先輩に相談しましょう。

休むときは、「周囲に迷惑をかけない」ことがポイントです。休暇明けには仕事をフォローしてくれた先輩、同僚たちに、「お休み中、お世話になりました」と、必ずお礼を述べましょう。

なお、会社には有給休暇のほかに、夏季・年末年始休暇、育児休暇、介護休暇などがあります。

休暇の申請のしかた

1 上司に相談

届を提出する前に、「○月○日にお休みをいただきたいのですが、よろしいでしょうか」と伝えておきます。

2 休暇届を提出

定められた書類がある場合は、それに記入し、提出します。理由は基本不要ですが、社内調整のためにも書いておくほうがいいでしょう。緊急連絡先は必ず書くようにします。

3 再度報告と引き継ぎ

休暇の日が近づいてきたら、周囲に改めて「○月○日は有給をいただきます」と報告します。不在の間の引き継ぎは忘れずに行いましょう。自分がいなくても仕事が回るように事前に段取りを。

4 お礼をする

休暇明けに出社したら、「お休みをいただきまして、ありがとうございました」とお礼を伝えます。旅行に行った場合は、お菓子などのお土産を渡すとよいでしょう。

おもな短期休暇	年次有給休暇	6カ月以上勤務し、全労働日の8割以上を出勤した場合、最低10日間の年次有給休暇が取得できる。
	慶弔休暇	本人や近親者の結婚などの慶事、近親者の死亡という弔事に取得する休暇。
	生理休暇	生理で仕事をするのがつらい場合に取得できる。診断書は不要だが、無給の場合もある。
	リフレッシュ休暇	会社により、勤続年数が3年、5年、10年といった規定の節目に達したときに付与される。

おもな長期休暇	夏季・年末年始休暇	夏季、年末年始に取得できる休暇。日数などは会社により異なる。
	産前産後休業	出産予定日の6週間前から、産後8週間の休暇。有給か無給かは会社による。健康保険加入者は、出産育児一時金、出産手当金が支給される。
	育児休業	子どもが1歳になるまで取得できる。父親も取得可能。賃金の支払い状況により、雇用保険の育児休業給付金が利用できる。
	介護休暇	育児・介護休業法で定められた家族に、一定の規定による介護が必要な場合に与えられる。

結婚の報告

どうして必要？

名字が変わることで納税や社会保険などの変更手続きを行うため、会社への結婚の報告は必要です。

Goodマナー

まずは上司に報告

まず、直属の上司に報告しましょう。それまで誰かに話すのは厳禁です。今後の働き方の希望を率直に相談しましょう。

報告は結婚式の3〜4カ月前を目安に

会社の人を披露宴に招く場合は、数カ月前に報告して、スケジュール調整をお願いしましょう。直前になって「出席してほしい」というのは失礼です。

報告はさわやかに

プライベートなことなので、少々気恥ずかしいかもしれませんが、素直に明るく報告しましょう。

おめでとう。
課長、実は6月に結婚することになりました。

コレはNG

- 同僚には結婚の報告をし、直属の上司に報告をしない。
- メールだけで報告。
- 休暇届を出さない。

結婚が決まったらまずは上司に報告を

結婚が決まったら、挙式の3〜4カ月前までに結婚・入籍の報告をします。結婚式の日取りを決め、会場を押さえてから報告するのがベストです。

基本的に自分が所属する部署の部長や、グループのリーダーに報告しますが、小さな会社なら社長に報告してもよいでしょう。

このとき、単に「結婚します」と言うだけでなく、結婚相手がどんな人なのか、結婚後の働き方についてもしっかりと報告するのがマナーです。

直属の上司に報告後は、上司がみんなに伝える場を設けてくれるのか、自分から一人ひとりに報告するのか、アドバイスに従って行動します。くれぐれも人の口から上司の耳にいれないよう、報告の順番は守りましょう。

結婚の報告とその後の流れ

1 上司に報告

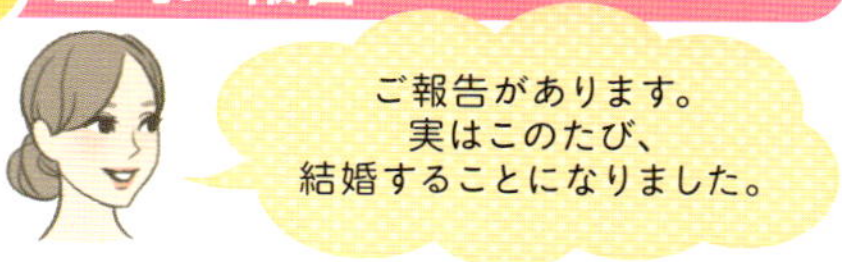
ご報告があります。
実はこのたび、
結婚することになりました。

2 職場の先輩や同僚に報告

上司に報告後、指示に従って職場の人に報告します。結婚式に招待したい人にはその旨も口頭で伝えましょう。

3 手続き

各種保険などの社内手続きが必要となります。また、これまでどおり旧姓で仕事を続けるのか、新しい姓を名乗るのかを決めます。新姓になる場合、メールアドレスや名刺の変更も行います。

4 休暇の届け出

結婚式や新婚旅行に伴い、休暇をとる場合は、休暇届を出します。留守中に迷惑をかけることのないよう、引き継ぎもしましょう。

新婚旅行後は、お世話になった人たちへお土産を渡すのがマナーです。

～具体的に報告する内容～

- いつ結婚するのか
- 相手の簡単な紹介
- 結婚式の有無、招待の有無
- 他の人への報告方法
- 今後の仕事について
- 休暇をとる予定について

Happy Step 結婚式・披露宴への招待

招待する場合は、招待状を出す前にお願いするのがマナーです。失礼のないように伝えましょう。

- **招待したい**
「部長にもぜひ結婚式にご参列いただきたいと思っております。日取りは～」
- **招待しない**
「身内だけのささやかな式の予定です」
- **挙式をしない**
「今のところ結婚式は考えておりません」

こんなときは？

社内結婚のとき

それぞれの上司に同じタイミングで報告後、二人一緒にお互いの上司にあいさつします。同じ部署の場合、異動を要請されることもあるので、事前に二人で希望を考えておきましょう。

派遣社員のとき

勤務先の上司ではなく、まずは雇用主である派遣会社に報告をします。

妊娠の報告

どうして必要？

体のためにも早めの報告を。育休・産休により人員補給が必要な場合もあります。

Goodマナー

出産後の働き方を考え、相談

妊娠を契機に、今後どのような働き方をしたいのか、出産経験のある先輩などがいれば相談し、よく考えましょう。その上で、どうしたいかを上司に相談しましょう。

早めに報告する

妊娠初期は、妊婦にとって重要な時期。長時間立ちっぱなし、体を冷やす、残業が多い仕事などは、体に負担がかかります。体への配慮を第一に、早めに上司へ報告をしましょう。

わたくしごとですが、このたび子どもを授かりました。

コレはNG

- 妊娠したことを隠す。
- 十分な引き継ぎをしないまま産休に入る。
- 周囲に報告せず、無理して働く。

早いタイミングで会社に報告を

妊娠がわかったら、まずは上司に報告をしましょう。報告のタイミングは、胎児の心拍が確認できる妊娠10週目が一つの目安。安定期前の報告は、流産の可能性もあるためためらう人もいるでしょう。しかし、体に負担のかかる仕事をすることで、流産のリスクが高くなることもあります。そのため、**早めに報告することが大切**です。つわりや体調不良で仕事を休んでも、周囲が妊娠を知っていれば快くサポートしてくれます。

報告の内容は、「出産予定日」「今後の仕事について」「産休・育休、あるいは退職の時期」です。産休や育休を取得する場合は、復帰のタイミングや方法を前もって上司と話し合っておきましょう。きちんと決めておくことで、復帰がスムーズになります。

妊娠から産休・育休までの流れ

※産休・育休を取得し働く場合

1 上司に時間をとってもらう

「妊娠した」報告はすぐできますが、今後の働き方についての相談は、時間をとってもらうとよいでしょう。

2 妊娠報告をする

- 出産予定日
- 現在の体調
- 社外の人への報告をどうするか相談
- 今後の働き方について
- 産休・育休を取得するのか
- 出産後の働き方の希望

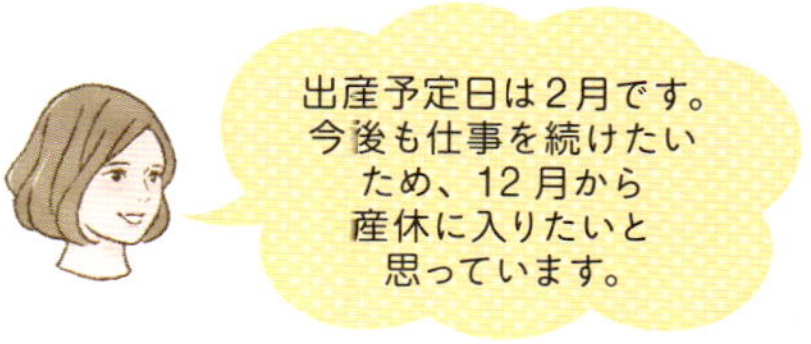
出産予定日は2月です。今後も仕事を続けたいため、12月から産休に入りたいと思っています。

3 仕事仲間に報告

一緒に仕事をしている部署・チームやパートナーには早めに報告しておくと、サポートを受けやすくなります。

ご迷惑をおかけしますが、どうぞよろしくお願いいたします。

4 安定期になったらオープンに

安定期に入るとお腹も目立ってきます。このタイミングで広く職場の人に報告を。少しずつ引き継ぎの準備を始めていくと安心です。

社外向けのタイミングは上司と要相談。最終出社日が決まったら、電話やメールなどで社外にもきちんと連絡しましょう。

5 産休前の最終出社日

明日から産休に入るというあいさつをします。サポートしてくれる上司や同僚には、感謝の気持ちを伝えることも忘れずに。また、あいさつのとき、産休明けの復帰予定月も伝えておくとよいでしょう。

取引先などには、メールであいさつを送ります。

6 産休中・育休中

無事に出産したら、職場へ報告します。基本は電話で伝えますが、メールでもよいでしょう。

退職するときのマナー

どうして必要？

後味が悪い辞め方は避けましょう。仕事も対人関係も、最後まできちんとこなすのが、社会人のマナー。

Goodマナー

退職後のことは黙っておく

退職後のことを聞かれても、「まだ決まっていません」と言うのが無難。次の就職先が決まっている場合も同様です。

しっかり引き継ぎを

「退職するのだから、もう関係ない」と何もしないのは、社会人として失格。後任者にきちんと仕事の引き継ぎをしましょう。

不満は口にしない

たとえ会社の待遇や仕事、人間関係が原因で退職するのだとしても、その理由は言わないようにしましょう。「立つ鳥跡を濁さず」、スマートに辞めるようにしたいものです。

コレはNG

- 感情的になって、会社の不満を周囲に話す。
- 電話で退職を告げる。
- 突然、退職する。
- 退職後、ネット上に会社の待遇や様子を投稿する。
- 引き継ぎをしない。

退職は仕事をやりきってから

仕事が合わないと感じたり、人間関係で悩んだりすることもあるでしょう。ネガティブな気持ちになると、つい今の仕事から逃げることを考えがちです。しかし、今一度自分に問いかけてください。「このキャリアをここでストップしていいのか」と。

退職の目的が、自分の都合や、仕事から逃げることだった場合、退職グセがついてしまうことがあります。そうならないように、自分の選んだ会社、そして自分を選んでくれた会社で、与えられた仕事をやりきってから退職する意識をもちたいものです。

それでも**退職を決めたなら、不満を口にするのをやめ、社内の手順とマナーを守り、周囲の人から気持ちよく見送られるような退職をしましょう。**

退職までの流れ

1 上司に相談

希望する退職日の1～3カ月前に、上司に相談します。「退職を考えているのですが、相談にのっていただけますか」と切り出し、理由を正直に話しましょう。

2 退職願を出す

上司に相談しても意思が変わらなければ、退職願を出します。退職理由は「一身上の理由」に。結婚や病気が理由なら、そのまま書いてもよいでしょう。

3 引き継ぎ

同僚や後任者に引き継ぎを行います。取引先には後任者と一緒にあいさつに行きます。社内の人には、引き継ぎ内容を書面にして、残すようにします。

4 退職日を迎える

名刺や社員証、制服、マニュアルなど、会社から支給されたものは全て返却します。上司や同僚には、これまでのお礼をきちんと伝えましょう。

退職願・退職のあいさつ状の文例

◆退職願

退職願

私事、

このたび、一身上の都合により、来る平成○○年○月○日をもって、退職したく、ここにお願い申し上げます。

平成○○年△月△日

○○○事業部2課

小久保里佳　（印：小久保）

株式会社○○○○○○

代表取締役社長　鈴木圭一郎　様

◆退職のあいさつ状（文例）

拝啓　新緑の候、貴社ますますご盛栄のこととお喜び申し上げます。

さて、私ことこのたび○月○日付けで株式会社△△を退職いたしました。

在職中はひとかたならぬご支援を賜り、ここに厚く御礼申し上げます。

今後ともご指導、ご鞭撻を賜りますよう、よろしくお願い申し上げます。

敬具

column

今から知っておこう！ 産休・育休制度

出産前と出産後に取得できる産前産後休業

産休は、労働基準法で定められたもので、出産前後にとれる休暇です。産前休業は、出産予定日の6週間前（多胎出産の場合は14週間前）から出産日まで、産後休業は出産翌日から産後8週間になります。

なお、産後休業の間は就業してはいけないと義務づけられていますが、産後6週間が経過、本人に働く意思があり、医師が許可した場合は産後6週間から就業することができます。

産前休業については、その間の就業はしてはいけないと義務づけられていないので、本人が請求をしなくては取得できません。母体の保護のためにも、会社には早めに申請をしましょう。

育児休業は、最長子どもが2歳になるまで延長可能

出産後の育児休暇は、育児・介護休業法で定められているもので、子どもが1歳になるまで取得可能です。夫婦で取得すると、1歳2カ月まで休業できます。

なお、子どもが1歳になって職場復帰したくても、子どもを預ける保育所が見つからないなど、一定の条件を満たしている場合は、1歳6カ月まで育休を延長できます。さらに再度の申請をすれば、2歳まで再延長できます。

★産休・育休中の給料は無給ですが、以下の手当が支給されます。

手当・手続き

産休中	出産育児一時金	1児につき 50万円	出産したら「出産育児一時金」の請求を自分が所属している健保組合に提出。請求1カ月後に支給。または、出産する病院が代わって健保組合に申請し、かかった出産費用からその分を差し引く「直接支払い制度」もある。
産休中	出産手当金		出産のために会社を休んだ期間、無給だった場合は、その期間を対象に支給される手当金。産後休業が終わった後に所属する健保組合に「出産手当金支給申請書」を提出すると、約1カ月後に支給される。
産休中	その他	社会保険料の免除	産前休業したら「産前産後休業取得者申請書」を年金事務所に提出（勤務先で手続きしてくれる場合が多い）。
産休中	その他	児童手当	出産後、住民票のある市区町村の役場に申請する。【0〜3歳未満】15,000円／月　【3歳〜小学校修了前】10,000円／月（第1子・2子）、15,000円／月（第3子以降）　【中学生】10,000円／月
育休中	育児休業給付金		出産後、子どもが1歳（最大2歳）になる前日までの期間、受け取ることができる。一般に勤務先で手続きしてくれる場合が多い。
育休中	その他	社会保険料の免除	「育児休業等取得者申請書」を年金事務所に提出（勤務先で手続きしてくれる場合が多い）。

Part 4

＼イメージアップ！／

あいさつ・敬語のマナー

明るいあいさつと、相手を敬う敬語は
人間関係をスムーズに。
正しい言葉づかいをマスターしましょう。

あいさつのマナー

どうして必要？

あいさつは、コミュニケーションの第一歩。仕事や人間関係もスムーズにします。

Goodマナー

相手の目を見てあいさつを

作業をしながらの「ながらあいさつ」は、相手に失礼です。作業の手をいったんとめ、相手の目を見てあいさつをしましょう。

元気よく堂々と

明るい表情、明るい声のトーンでハキハキとあいさつをしましょう。

コレはNG

- 自分からあいさつをしない。
- 相手の目を見ずにあいさつをする。
- 手元を見ながら声だけのあいさつ。
- 小さな声でボソッとつぶやく。
- 語尾をのばす。

あいさつは全ての基本

明るく元気なあいさつは、周囲の人たちとの関係を円滑にします。社内の人はもとより、社外の取引先やお客様に対しても、積極的に声をかけていきましょう。

また、**あいさつは相手への礼儀であり、目下から目上にするのがマナー**。新入社員は全ての人にあいさつするのが基本です。上司から「おはよう」と声をかけられてから「おはようございます」と言うのは、あいさつではなく返事です。

さらに、パソコン画面を見ながら行うなどの「ながらあいさつ」は、相手が眼中にないという見下した行為になります。**あいさつに限らず、話をするときは、必ず相手の目を見ましょう**。小さな声で相手が気づかないようなあいさつも意味がありません。ハッキリとしたあいさつを心がけましょう。

シーン別のあいさつ

出社したとき

おはようございます

外出するとき

行ってまいります

※行き先や戻り時間を伝えましょう。

外出から戻ったとき

ただいま、
戻りました

帰社した人を迎えるとき

お帰りなさい
（お疲れさまです）

※「ご苦労さま」は、目上から目下へのねぎらいの言葉。目下からは使いません。

帰るとき

お先に失礼します

お客様が来社したとき

いらっしゃいませ

※アポイントがある場合は、名前を確認してから「〇〇様、お待ちしていました」とひと言添えます。

Happy Step

返事やお礼は忘れずに

上司から、指示や確認があったときは、「はい、かしこまりました」「承知いたしました」と、しっかり返事をするのがマナー。返事をしないと、相手に不信感を与えます。

また、何か教わったときは、「ありがとうございます」という感謝の言葉を伝えましょう。あいさつ、返事、お礼をきちんとすることで、相手も自分も気持ちよく接することができます。

こんなときは？

相手が忙しそうに作業しているとき

あいさつをされてイヤな人はいません。相手が忙しそうにしていても、悪いと思わずあいさつをしましょう。

路上で相手が連れと話しているとき

あいさつもTPOが大切。外出先で見かけたときや、相手がひとりでないときは声をかけず、目が合ったら会釈をするようにします。

好感をもたれる話し方

どうして必要？

話し方は人の印象を決定づけるもの。明るい表情で正しく敬語を使えば、好印象を得られます。

Goodマナー

相手の目を見て明るい表情で話す

会話する際は恥ずかしがらず、相手の目をしっかり見て、明るい表情で話しましょう。

敬語を正しく使う

正しい敬語を使うことで、相手に対しての敬意を表現しましょう。

ハキハキと話す

はっきりと話すことで、相手も聞き取りやすく、コミュニケーションが進みやすくなります。

コレはNG

- 聞き取れないぐらいの早口、または大声で話す。
- 声が小さく、モジモジして話す。
- 敬語をつかわない。
- 滑舌が悪くて聞き取れない。

表情と話し方で好感度アップ

人の印象は、表情や話し方で大きく変わります。 つまらなそうな表情や自信がない話し方は、マイナスイメージ。明るい表情でハキハキ話すことを心がけましょう。好感を抱いてもらえれば、その後のコミュニケーションもスムーズになります。

また、会話で大切にしたいのは言葉づかい、とりわけ敬語の使い方です。**敬語とは、相手に対して敬意を表す**言葉。上司や先輩、取引先の人、お客様など**目上の人と接するときは、敬語が基本**です。正しい使い方をすれば、異なる世代との人間関係をスムーズにします。

しかし、正しく使いこなさなければ、かえってイメージダウンになります。敬語の使い方をしっかりマスターして、好印象のデキる女性を目指しましょう。

敬語が必要な理由

1 相手へ敬意を示す

敬語は相手への敬意を示すもの。「あなたのことを大切に考えています」というニュアンスを、さまざまな言葉で表現することができます。

2 立場や関係を明確にする

相手や場に応じて敬語を使い分けることで、自分の立場や相手との関係性を明確にできます。

3 信頼を得る

敬語をきちんと使いこなせる人は「きちんとしている人」「信頼できる人」と見なされ、「仕事もできる人」という印象を与えます。

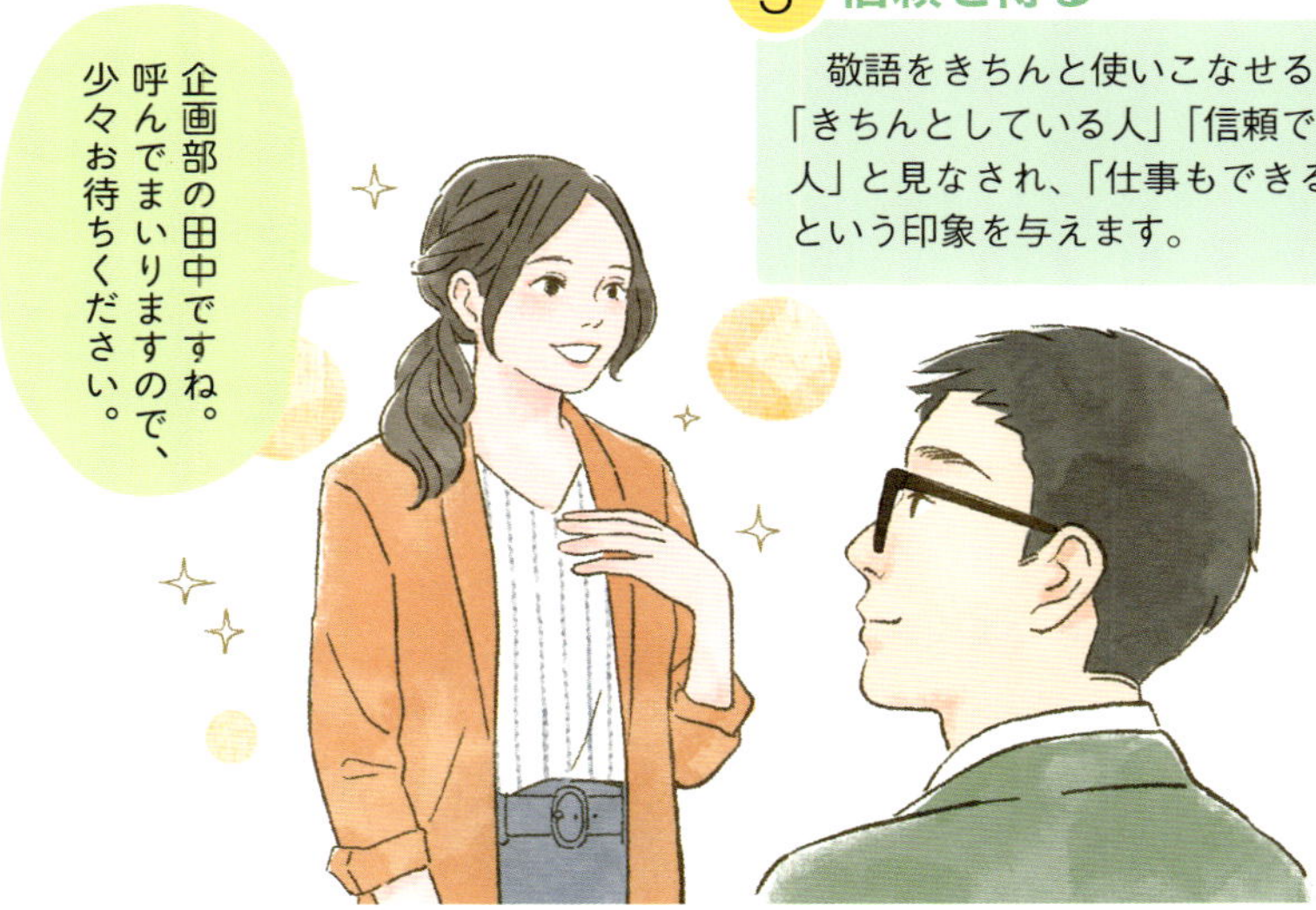
企画部の田中ですね。呼んでまいりますので、少々お待ちください。

Happy Step

笑顔でリラックス

会話をする際は、自分らしい表情が出せるように、肩の力を抜いてリラックスすることが大切です。それには、笑顔をつくるのがいちばん。苦手な人の前でも、口角を上げて笑顔をつくりましょう。

つくり笑いでも、脳内にセロトニンという物質が分泌され、リラックス効果が得られるといわれます。そうすれば、落ち着いて話すこともできるでしょう。人前では笑顔を忘れずに。

Point!

ていねい過ぎる敬語は逆効果

言葉や態度がていねい過ぎて、かえってイヤ味に感じること、表面上はていねいでも相手を見下している様を慇懃無礼（いんぎんぶれい）といいます。

また、あまりにもへりくだった言い方もNG。相手を不快にさせないためにも、正しい敬語の使い方を身につけましょう。

敬語の基本

どうして必要？

敬語を使うことで相手に敬意を示すことができ、人間関係がスムーズになります。

Goodマナー

目上の人やお客様には尊敬語を使う

目上の人には、相手を立てる「尊敬語」を使います。たとえば「聞く」の尊敬語は「お聞きになる」なので、「おたずねください」「お聞きください」になります。

主語が誰かによって使い分ける

「来る」という言葉は、主語がお客様なら尊敬語で「（お客様が）いらっしゃる」となり、主語が自分なら謙譲語で「（私が）参ります」となります。

コレはNG

- 自分に対して尊敬語を使い、相手に対して謙譲語を使う。
- 何にでも「お」をつける。
- 語尾があいまい。
- タメ口で話す。

ご足労おかけして
申し訳ありません。
担当部署は3階でございます。
3階で松本という担当者に
おたずねください。

敬語の使い分けは主語で判断

敬語には、「尊敬語」「謙譲語Ⅰ」「謙譲語Ⅱ（丁重語）」「丁寧語」「美化語」の5種類があります。

尊敬語と謙譲語の使い分けはわかりにくいかもしれませんが、**尊敬語は相手側のこと、謙譲語は自分の側のこと**について話す言葉です。「主語が誰か」「誰に対して使うのか」を考えると、判断しやすいでしょう。

丁寧語は、語尾を「です」「ます」にし、言い方をていねいにして、相手に敬意をはらうものです。

また、**美化語**は、名詞に「お」や「ご」をつけて、言葉自体をきれいにしたものです。

敬語づかいを誤ると、かえって失礼にあたります。相手に「あなたに敬意をもっています」というメッセージを正しく伝えるためにも、きちんと使い分けしましょう。

立場を明確にする「敬語」

自 分
謙譲語
自分をへりくだるとき
相 手
尊敬語
相手を立てるとき
自 分
相 手
（目上・対等）
丁寧語
立場に関わりなく使う

主語で使い分ける！ 尊敬語・謙譲語

尊敬語

主語 ●相手 ●第三者

上司、先輩、お客様、取引先の人などについて言うときに使います。

謙譲語

主語 ●自分 ●自分側の者

社内の人のことを社外に話すとき、自分のことや家族のことなど身内の者の話をするときに使います。

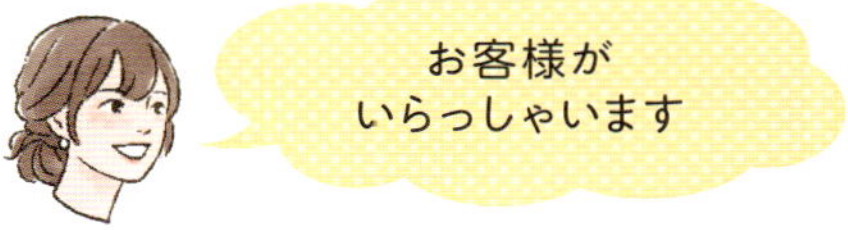
お客様が
いらっしゃいます

わたくしが
参ります

「来る」の尊敬語は「いらっしゃる」、謙譲語は「参る」。主語によって言い換えます。

佐々木さんが
おっしゃったように

課長の井上が先日
申し上げたように

お客様や上司と話す場合は**「おっしゃる」という尊敬語**を使います。取引先で自分の会社の課長のことを話すときは**謙譲語の「申す」**を使います。なお、この場合、自分のことを話すのであれば「わたくしが先日申し上げたように」となります。

敬語の種類

尊敬語

相手や相手側の人、または第三者の行為、状態、事がらなどに敬意を表す言葉。

✕ こっちの展示も見ていきますか

○ **こちらの展示もご覧になりますか**

謙譲語Ⅰ

自分側から、相手側または第三者への行為・事がらなどにへりくだることで、相手側や第三者を立てる言葉。

✕ 見本をもっていきます

○ **見本をお届けに伺います**

謙譲語Ⅱ（丁重語）

自分の行為を話や文書の相手に対して丁重（配慮が行き届く）に話します。

✕ そうします

○ **そういたします**

丁寧語

話や文書において、ていねいな表現です。

✕ こちらです

○ **こちらでございます**

美化語

言葉そのものを、美しい言い方にします。

付け足し型

茶	▶お茶
手紙	▶お手紙
酒	▶お酒
あいさつ	▶ごあいさつ
祝儀	▶ご祝儀

言い換え型

水	▶おひや
めし	▶ごはん
うまい	▶おいしい
便所	▶お手洗い
腹	▶おなか

※文部科学省文化審議会『敬語の指針』参考

■「お」や「ご」を使い分ける

原則として、訓読みの言葉には「お」を、音読みの言葉には「ご」をつけます。
なお、コーヒーなどの外来語やカタカナ語、動植物、公共物、自然現象には使いません。

✕ おビールはいかがですか
○ ビールは召し上がりますか

✕ 心配をかけてすみません
○ ご心配をおかけして、申し訳ありません

■「お」や「ご」の使い分け

「お」をつける言葉

お車、お考え、お気持ち、お時間、お言葉

「ご」をつける言葉

ご案内、ご提案、ご心配、ご不在、ご伝言、ご来社

■よく使う敬語

	尊敬語	謙譲語	丁寧語
いる	いらっしゃる、おられる	おる	います、おります
する	なさる、される	いたす	します
言う、話す	おっしゃる、言われる、話される	申す、申し上げる	言います、話します
思う	思われる、お思いになる	存じる	思います
見る	ご覧になる	拝見する	見ます
聞く	お聞きになる	拝聴する、お聞きする、伺う	聞きます
たずねる	おたずねになる、お聞きになる	おたずねする、お聞きする、お伺いする	たずねます
行く	いらっしゃる	伺う、参る	行きます、伺います
来る	おいでになる、お越しになる、お見えになる	参る	来ます
帰る	お帰りになる	おいとまする、（失礼する）	帰ります、（失礼します）
食べる	召しあがる、お食べになる	いただく、頂戴する	食べます

立場による呼称の使い分け

どうして必要？

上下関係に加えて、社内と社外の区別をすることが大切です。

Goodマナー

役職がない場合は〝さんづけ〟を

上司であっても役職がない人、先輩や同僚に対しては「〇〇さん」と呼びます。なお、男性の同僚だからといって、“君づけ”はNGです。

家族の話題が出たときも立場で言い方を変える

両親の話題が出たとき、自分では「両親」、相手には「ご両親」という言い方をします。

立場により呼び方を変える

社内では「〇〇さん」、あるいは「〇〇課長（名字＋役職名）」と呼んでいる上司でも、社外の人に対しては「〇〇」と名前を呼び捨てにします。

コレはNG

- 社外の人に対して、社内の人間に「〇〇さん」「〇〇課長」などと敬称をつける。
- 同僚や後輩をニックネームで呼ぶ。
- 男性の同僚を「〇〇君」と呼ぶ。
- 身内のことを「お父さん」「お母さん」「お兄ちゃん」と話す。

立てるべき相手により使い方を変える

敬語には、相手への敬意を示すだけでなく、立場の違いをハッキリさせる役割があります。

呼称にしても、自分自身のことは「わたくし」、相手のことは「加藤さん」、役職がある場合は「加藤部長」などと敬称をつけて呼びます。

気をつけなくてはいけないのは、社外の人に対して社内の人の話をするときです。**「社外＝外」「社内＝身内」と考え**、社外に対してはたとえ上司であっても「加藤が」「課長の加藤が」とへりくだり、呼び捨てにします。

同様に、ビジネスシーンで家族の話題が出た場合も、自分の父親は「父」、相手の父親は「お父様」に。敬語は、立てるべき相手によって使い方が変わります。お客様と話すときには注意しましょう。

敬称・呼称の変換ポイント

人の敬称や物の呼称は、状況によって使い分けましょう。

社内の人と話すとき

上司のことは
先ほど関口課長が
おっしゃったように…

自分のことは
わたくしが先日
申し上げましたように…

社内の人に対して

× さっき○○君が言ったように…

○ 先ほど○○さんがおっしゃっていたように…

社外の人と話すとき

社外の人のことは
先ほど吉田さんが
おっしゃったように…

社内の人のことは
課長の関口が先日
申し上げましたように…

社外の人に対して

× 佐々木課長は今いないです。

○ 佐々木は只今、席をはずしております。

呼称の違い

	相手側	自分側
当人	○○様、あなた（様）、そちら様	わたくし
あの人	あちらの方、あの方	あの人
同行者	お連れ様、ご同行の方	同行の者
会社	御社、貴社	弊社、当社、わたくしども
役職	社長の○○様、○○部長	わたくしどもの社長、部長の○○
考え	ご意見、ご意向	私見、考え
訪問・行く	ご来社、お立ち寄り、お越し	参る、ご訪問、お伺い
両親	ご両親	両親
家族	ご家族、ご家族の皆様	家の者、わたくしども

上から目線になる間違い敬語

どうして必要？

気づかないまま使ってしまう、間違った敬語。禁句を知って失礼のないようにします。

Goodマナー

社外の人には特に気をつける

たとえば「わかりました」は、社内の人に使うにはあまり問題ありませんが、社外の人には「かしこまりました」「承知いたしました」などの丁寧語を使うようにしましょう。

言われてイヤな言葉は使わない

自分が年下の人や目下の人から言われてあまり気分がよくなかった言葉は、人には使わないようにしましょう。

態度も謙虚に

言葉づかいはもちろん、態度や言い方が「上から目線」だと、さらに印象が悪くなります。誰にでも謙虚でていねいな姿勢を心がけましょう。

お先に失礼します。
ご苦労様。
お疲れさまでした。

コレはNG

- 目上の人が目下の人に対して使う言葉を、目上の人に使っている。
- 目上の人に対して、横柄な態度をとる。

目上の人に目下に対する言葉を使わない

本来、目上から目下に対して使う言葉を、目下が目上に使うのは、失礼にあたります。

ビジネスでは、上下関係や相手との立場がはっきりしています。そのため、**新人が目上の人へ目下に対する言葉を使うのは失礼**にあたります。人間関係がぎくしゃくするだけでなく、「ものの言い方を知らない人」「常識のない人」と思われかねません。

まずは、目上から目下に使う言葉を認識し、普段の生活の中で無意識に使っていないかを振り返ってみましょう。「了解しました」など、ていねいに言っているつもりの敬語が、間違っているということもあります。

目上の人と話すときは、「上から目線」にならない、失礼のない言い方を心がけましょう。

誤解される言葉づかい

目上の人に対して使うと失礼

次の表現は、目上から目下に使うもの。上司や先輩、取引先の人、お客様に使ってはいけません。

✕ ご苦労様でした
○ **お疲れ様でした**

「ご苦労様」は目下の人にかけるねぎらいの言葉。目上の人には「お疲れ様でした」と言わなくてはなりません。

✕ 了解です
○ **かしこまりました**

「了解しました」は普段から親しい間柄で使う言葉。お客様や目上の人には、「かしこまりました」または「承知しました」のほうが相手への敬意を感じさせます。

✕ 特に問題ありません
○ **そのまま進めていただけないでしょうか**

確認を求められて「問題ない」というのは、判断する立場の返事です。上から目線ととらえられかねません。自分が下の立場だということをはっきりさせる返事をしましょう。

✕ 操作をお教えします
○ **操作をご説明いたします**

「教える」は、一般的に目上から目下へ行うものとしてとらえられています。そのため、目上の人に使うと見下した印象を与えます。謙譲語を使って自分を下にします。

誰に対しても失礼

✕ 手伝ってあげます
○ **よかったらお手伝いさせてください**

「〜してあげる」は子どもなど目下の人に対して使う言葉。目上はもちろん、同僚にも使わないほうが無難です。実際になにかをしてあげるときも、一歩引いてさりげなく声をかけるといいでしょう。

✕ それはできません
○ **それはいたしかねます**

「できない」ことをストレートに言うことで、相手に意図は伝わりやすいですが、不躾(ぶしつけ)な言い方です。同じことを伝えるにしても、怒りを買わない言い方をしましょう。

✕ 常識的に考えて、この案件は…
○ **わたくしが考えますに、この案件は…**

「常識」という言葉を上段にふりかざすと、まるで相手が「常識のない人」のように聞こえます。何が常識かは人により判断が分かれるところ。堂々と自分の意見として述べましょう。

✕ 今日はお休みします
○ **本日は休ませていただきます**

自分の行為に対しては、「お」や「ご」は使いません。ただし、他者であれば「連絡があり、今日、柴田さんはお休みします」と、休みに「お」をつけてもかまいません。

間違いやすい敬語

どうして必要？

相手を敬う敬語も、使い方を間違えれば逆効果。
特に、二重敬語や若者言葉に気をつけて。

Goodマナー

自信がなくても笑顔で

担当いたします
田中です。

敬語を使い慣れないうちは上手に話せないかもしれません。敬語の使い方に自信がないときほど笑顔で伝えるようにしましょう。

まずは「真似る」ことから

敬語の間違いに、自分ではなかなか気づかないもの。最初は上司や先輩など周囲の人のフレーズを真似ることから始めましょう。

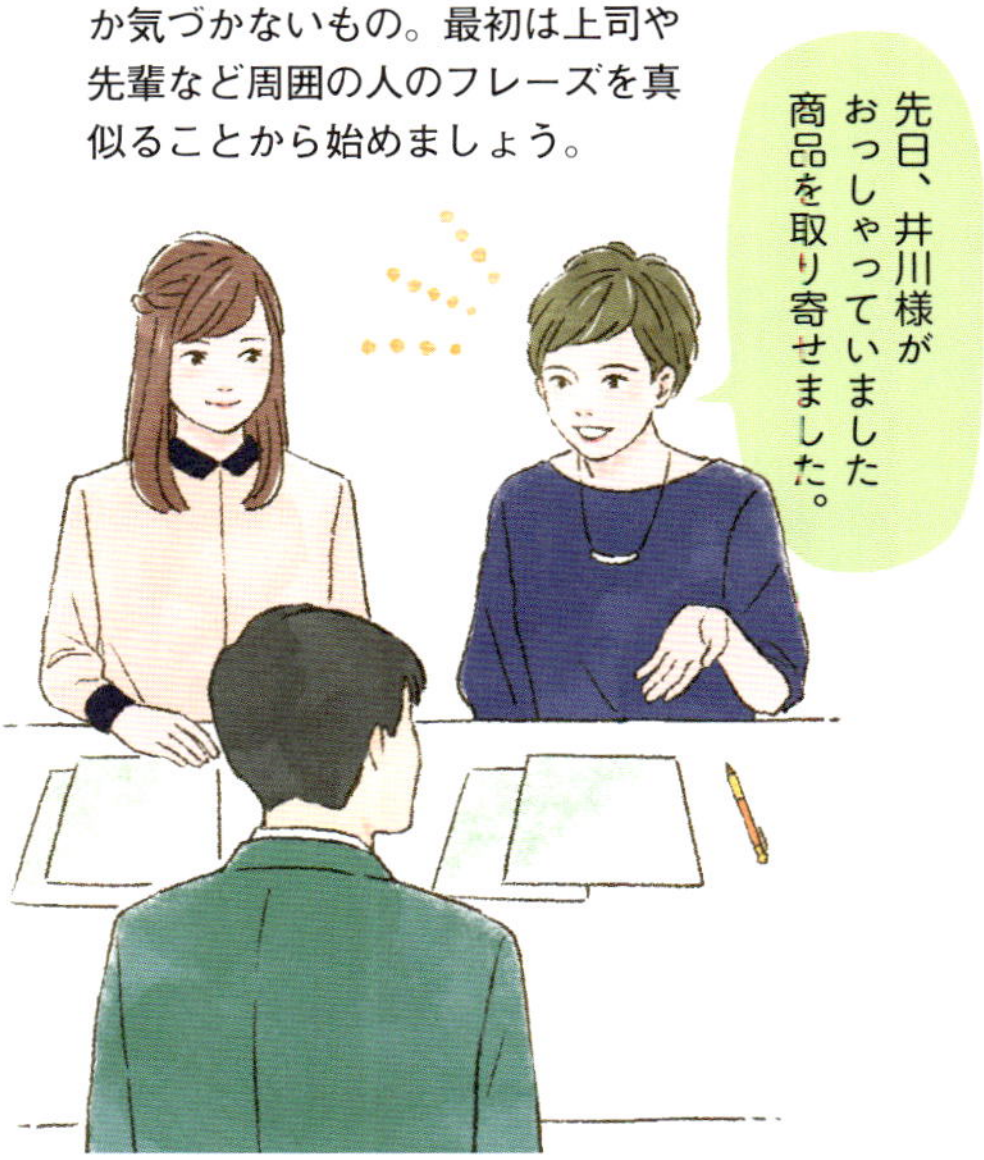
先日、井川様がおっしゃっていました商品を取り寄せました。

コレはNG

- ていねいにしようとするあまり、二重敬語になる。
- 仕事でも学生時代同様に「若者言葉」を使う。
- 間違い敬語を使っている目上の人に対して、それを指摘する。

つい使いがちなフレーズに注意

敬語は、相手を敬う気持ちを伝えるものですが、**使い方を間違えると一転、失礼な物言い**になってしまいます。

気をつけたいのが「**二重敬語**」。失礼がないよう、ていねいに敬語を重ねることで生じ、まわりくどい言い方になります。尊敬語と謙譲語の混同もよく見られます。

また、特定の業界で使われている、「〇〇でよろしかったでしょうか？」など、いわゆる「**バイト敬語**」「**マニュアル敬語**」は、間違った敬語の使われ方です。

といっても、**言葉は時代とともに変化**します。文法的には間違いでも、慣例として定着したものならよいと考えられているものもあります。間違いやすいもの、よく使う言い方は、フレーズごと覚えてしまうとよいかもしれません。

気をつけたいビジネス敬語

二重敬語

一つの単語について、同じ種類の敬語を重ねて使うのは、間違った使い方です。しつこい印象になるので注意しましょう。

✕ 何時にお戻りになられますか

〇 何時にお戻りになりますか

！ ✕は「お～になる」の尊敬語に、尊敬の助動詞の「～れる」をつけた二重敬語です。

✕ 拝見させていただいてもよろしいでしょうか

〇 拝見してもよろしいでしょうか

！「拝見する」は「見る」の謙譲語で、「いただく」は「もらう」の謙譲語。✕は謙譲語を重ねた二重敬語になります。

✕ 部長がおっしゃられていました

〇 部長がおっしゃっていました

！ ✕は「言う」の尊敬語の「おっしゃる」に尊敬の助動詞の「～れる」をつけた二重敬語。

✕ ご覧になられましたか？

〇 ご覧になりましたか？

！ ✕は「見る」の尊敬語の「ご覧になる」に、尊敬の助動詞「～られる」をつけた二重敬語。

コレはOK！

定着した二重敬語

「二重敬語」であっても、慣例として定着しているため、使ってもよいと考えられているものもあります。

〇 お召し上がりになる　〇 お伺いする

敬語連結

一見「二重敬語」のように見えますが、二つ以上の敬語を接続助詞「て」でつなげているので、二重敬語ではありません。

〇 ご案内してさしあげる　〇 ご覧になっていらっしゃる

！ 間違いではありませんが、もってまわった言い方なので、普段使うときは**「ご案内いたします」「ご覧になって」**がシンプルでよいでしょう。

尊敬語と謙譲語の混同

主語が誰かによって、尊敬語と謙譲語を使い分けましょう。

✕ 部長はどちらへ参《まい》られますか

〇 部長はどちらへいらっしゃいますか

！「参る」は謙譲語なので、自分側に使うもの。この場合は「いらっしゃる」という尊敬語を使います。

つい使いがちな3つのフレーズに注意

「～させていただく」を乱用しない

「～させていただきます」は、相手の許可をとって何かをする場合のみに使う言葉です。使い方によってはオーバーな表現になります。

✕ ご案内させていただきます
○ **ご案内いたします**

✕ 担当させていただく〇〇です
○ **担当いたします〇〇です**

✕ 今、確認させていただきます
○ **ただいま、確認いたします**

✕ 送らさせていただきます
○ **お送りいたします**

「ございます」を乱用しない

「ございます」は、「です」や「あります」を、さらにていねいにした表現です。「いる」の場合は「ございます」ではなく、謙譲語の「おります」になります。

✕ どのようなご用でございますか？
○ **どのようなご用でしょうか？**

✕ 〇〇様でございますか
○ **〇〇様でいらっしゃいますか**

✕ 今日はお車でございますか
○ **本日はお車でお越しでしょうか**

✕ あちらの席が空いてございます
○ **あちらの席が空いております**

「～のほう」を乱用しない

「～のほう」というのは、方角や二者選択のどちらかを指す意味もありますが、ぼかす表現のときも使います。ただし、ぼかす必要のないときは使わないようにしましょう。

✕ 大学のほうでは、文学を専攻していました
○ **大学では、文学を専攻していました**

✕ 資料のほうをご覧ください
○ **資料をご覧ください**

使ってはいけない！ 間違い言葉

俗語的な表現・間違った使い方

「やる」「する」は俗語的で、ビジネスシーンには向きません。「やる」の敬語は「なさる」「される」、「する」は「いたす」です。

× やらせていただきます	× ゴルフも おやりになるのですか
○ 担当いたします	○ ゴルフもなさるのですか

疑問形で言うなどの若者言葉

同意を求めるために「～ですか」と言うのは、相手に対して失礼です。若者言葉は、友人同士で楽しむもので、ビジネスシーンでは不適切。使わないようにしましょう。

× これって〇〇じゃ ないですか	× っていうか、〇〇かも

バイト敬語・マニュアル敬語

飲食店などのアルバイトが接客時に使う敬語には、間違った敬語が少なくありません。

× この内容で よろしかったでしょうか	○ こちらの内容で よろしいでしょうか

！「よろしかった」は過去形で、すでに済んでしまったことに使われる表現です。そのため、事後報告のように聞こえ、気持ちのよいものではありません。現在進行中の事柄は、現在形で話すのが基本です。

＼まだある／

間違いやすい言葉づかい

△ とんでもありません	○ とんでもないことです ○ とんでもないことでございます
× すみません	○ 申し訳ございません
× お体をご自愛ください	○ ご自愛ください

※自愛には、体を大切するという意味合いがあるため、お体と重複します。

言いづらいことを言うとき

どうして必要？

人間関係を円滑にするため、クッション言葉を添えて言いづらいことを相手にうまく伝えましょう。

Goodマナー

表情や声のトーンもやわらかく

せっかくクッション言葉を使ってストレートな表現を避けているのに、怒った顔や荒らげた声では何もなりません。やわらかい表情でやさしく話すことを心がけましょう。

大変申し訳
ありませんが…

コレはNG

- 「お断りします」「その意見に反対です」など、ストレートな表現をする。
- 「お手数ですが､お引き取りください」など、シチュエーションに合わないクッション言葉をつける。
- クッション言葉を使い過ぎ、肝心の用件がよくわからない。

ストレートな表現をクッション言葉でやわらげる

「～していただけませんでしょうか？」と質問形にすると、ていねいな印象に。断るときも、「今回は～」とすると、「今回だけはやむなく」ということで、相手も拒否された感覚が弱まります。

せっかくのお話ですが、
今回はご辞退させて
いただきます。

やわらかくていねいに伝えるクッション言葉

ビジネスシーンで、お願い、お断り、注意や警告、反論したりするとき、ストレートな物言いは、誤解や摩擦を生む原因になります。

そうならないよう、言いづらいことをやんわりと、相手の気持ちを損なわないよう、**ビジネスで多用されているのが、クッション言葉**です。ストレートな表現にやわらかなフレーズをつけ足すことで、相手に失礼のない言い方になります。**クッション言葉は、相手の怒りや反発をやわらげる効果があり、言いづらいこと、ネガティブな用件も伝えやすくなります。**

クッション言葉は上につけるものが多いですが、よりていねいにしたいなら下にもつけても。もちろん言葉だけでなく、態度や表情、声などで、相手への配慮を表現することも大切です。

よく使う「クッション言葉」の言い回し

上につけるクッション言葉		下につけるクッション言葉
依頼や質問をするとき		
●失礼ですが～ ●申し訳ございませんが～ ●よろしければ～ ●ご面倒をおかけしますが～	＋	●お願いできませんでしょうか ●～していただけますでしょうか
注意や警告をするとき		
●恐れ入りますが～ ●お手数ですが～ ●大変申し訳ございませんが～	＋	●ご遠慮願えませんでしょうか ●ご容赦ください
拒否するときや謝罪するとき		
●大変申し訳ございませんが～ ●大変申し上げにくいのですが～ ●大変残念ですが～ ●お気持ちはありがたいのですが～ ●大変ありがたいお話ではありますが～	＋	●いたしかねます ●今回はご遠慮させていただきます ●今回は見送らせていただきます ●ご容赦ください

「クッション言葉」の基本形と進化形

上にクッション言葉を使う場合

基本形

「お手数をおかけしますが」というクッション言葉を加えることで、相手への配慮が伝わります。

「**お手数をおかけいたしますが、商品を弊社までお送りください**」

上と下にクッション言葉を使う場合

変化形

さらに下に「～いただけますでしょうか」と疑問文をつけることで、相手に強要するのではなく、相手の都合を気づかう気持ちをうかがわせます。

「**お手数をおかけいたしますが、商品を弊社までお送りいただけますでしょうか**」

大人の言い方をマスターする

どうして必要？

仕事や人間関係は、言い方一つでよくも悪くもなります。スマートな表現を身につけましょう。

Good マナー

正しい敬語で

言葉はシンプルでも、正しく敬語が使われていると、知的な印象を与えます。相手を気づかう気持ちも表現しましょう。

独特な言い回しに注意

業界や職場により独特な言い方が存在することも。まず先輩の言葉づかいを参考に、周囲の反応を見ながら使いこなしましょう。

相手を立てる言葉、一歩下がった表現を

目上の人や取引先、お客様には、敬意をもってていねいに。普通に話をしているつもりでも、不躾な言い方、子どもじみた表現になっていると、あなたのイメージを損ないます。

お忙しいところ申し訳ありません。ご相談があるのですが…

コレは NG

- 敬語を使わない。
- 人の話を遮って発言する。
- 人の話を最後まで聞かない。
- 人の話の揚げ足を取る。
- 感情的に話す。

ビジネスの場にふさわしい言い方を

ビジネスではさまざまな場面で意見を求められることが多く、そのたびに自分の意思を明確に示さなければなりません。また、会議や折衝などの場では積極的に発言し、自分のやる気や能力を示す必要があります。

そんなとき、あまりに**ストレートな物言いをすると、相手に不快な思いをさせたり、その場の雰囲気が気まずくなったり**します。伝える内容は同じでも、**やわらかくスマートな言い方に変える**だけで印象が変わり、一目置かれる存在になり、仕事も人間関係も円滑になります。

大人の言い方を身につけることは、優秀なビジネスパーソンへの第一歩。女性らしいスマートな敬語づかいをすれば、周囲の評価も上がっていくでしょう。

お願いや問いかけをするとき

相手にたずねる形にする

上司や取引先、お客様などにお願いごとをするときは、意向や都合をたずねる形にすると、やわらかな印象になります。

相手が忙しい場合や、
わずらわしいことを
お願いするときは、
「恐縮ですが」などの
クッション言葉を使うと、
ていねいになります。

✕ 明日は休ませてください

○ 明日、休みをいただきたいのですが、よろしいでしょうか

✕ もう一度、お名前をお願いします

○ 恐れ入りますが、お名前をもう一度うかがってもよろしいでしょうか

✕ お時間をください

○ お忙しいところ恐れ入りますが、少々お時間をいただけますか

✕ もう一度、説明してください

○ 申し訳ありませんが、○○について確認させていただけますか

正しい敬語で一歩下がった表現に

尊敬語、謙譲語を正しく使い、上から目線の言い方にならないようにしましょう。

✕ どういったご用件でしょうか

○ どのようなご用件でしょうか

※「よろしければご用件を承ります」と添えるとていねいです。

✕ こちらの案はどうでしょうか

○ こちらの案はいかがでしょうか

✕ ただいまの説明でご理解いただけましたか

○ 説明が不足している点はございませんでしょうか

✕ ○○さんを帰していいですか

○ ○○さんにお帰りいただいてよろしいでしょうか

お願いをした後

必ず、お礼の言葉を述べましょう

○ ご多忙中、お時間をさいていただき、ありがとうございました

○ ○○様のアドバイスは参考になりました。感謝いたします

ほめる・否定するとき

上から目線のほめ言葉にならないように

✕ 教え方がお上手ですね

〇 **ありがとうございます。
とても参考になりました**

ほめたほうの立場が上に感じます。目上の人をたたえるには、このほか「ご指導のおかげで成果が出せました」などがあります。

✕ 感心しました

〇 **私には真似できません。
とても勉強になりました**

「感心した」は目上から目下への言葉。憧れを表現する言い方に替えると、相手を立てることができます。

目上にNGなほめ言葉

「さすがですね」
「見直しました」
「うまいですね」
「隅におけませんね」

勉強になりました

ほめられたとき

謙遜し過ぎる言い方は、逆にイヤ味だったり、消極的だと受け取られることがあります。素直に感謝の気持ちを表すようにしましょう。

✕ 私なんて全然ダメです。でも、うれしいです

〇 **ありがとうございます
とても励みになります**

こんな言い方も

〇 〇〇さんのご指導（アドバイス）のおかげです

〇 〇〇さんからそう言われると、やる気が出ます。
今後もよろしくお願いいたします

〇 〇〇様（お客様の名前）におほめいただき、光栄です

否定にはクッション言葉を使う

✕ それは違います

〇 **〇〇さんのようなお考えもあるとは思いますが、私は△△と思います**

✕ 聞いていません

〇 **申し訳ありません。
伺っていないと思うのですが……**

ストレートな表現は避けて！

同意・反論するとき

目上の人への同意は、言葉を選んでていねいに

✕ ○○部長の意見に賛成です

○ **○○部長の意見に異存はありません**

❗「賛成する」という言葉は同じ目線の相手に使うもの。目上の人には使わず、相手の意見に従う姿勢に徹します。

✕ ご指摘の件、私も同感です

○ **ご指摘の件は、まさにおっしゃるとおりでございます**

❗目上の人に対しては、「同感」という言い方よりも、「おっしゃるとおり」というフレーズのほうがふさわしいでしょう。

同僚や後輩に対しての同意

✕ ○○さんの意見でいいんじゃないですか

○ ○○さんの意見に賛成です

❗くだけた会話でよく使われる「いいんじゃない？」という言い回しは、ビジネスでは後ろ向きに聞こえるのでNG。

こんな言い方も

「ごもっともなことです」
「さようでございます」
「はい。そうですね」

反論はクッション言葉をつけるか、質問形に

✕ だって……

○ **おっしゃることはよくわかりますが……**

❗「だって」は、つい口にしてしまいがちですが、言い訳をするときの言葉。すぐ反論内容を言うと、きつい印象になるので、クッション言葉をつけて、やわらかくしましょう。

✕ それは間違っています

○ **そちらは○○のほうがよろしいのではないでしょうか**

❗ストレートな批判・反論ではなく、質問するような形で自分の意見を伝えると、相手も否定された感じを受けません。

こんな言い方も

「お言葉ではございますが…」
「大変申し上げにくいのですが…」

反論するときのNG言葉

「それはそうかもしれませんが…」 ※クッション言葉になっていません。

「普通はそう考えません」 ※「普通」「絶対」は禁句。

反論するときのテクニック

相手を立てて受け入れた後に、自分の意見を言います。

▶「部長のご提案は素晴らしいと思います。私なりにブラッシュアップした案を考えたのですが、提案してもよろしいでしょうか」

断るとき・謝るとき

断るときの決まり文句を覚えて使う

✕ 仕事じゃないので行きません

○ お誘いいただき、ありがとうございます。あいにくその日は予定があり……、

❗ はっきりとした理由は避け、誘いへのお礼を述べた上で断りを入れます。

こんな言い方も

「せっかくお声をかけていただいたのに申し訳ないのですが」

「願ってもない機会ですが」

「とても残念です」

✕ 贈り物は困ります

○ お心づかいをありがとうございます。お気持ちだけ、ありがたくいただきます

❗ 無下に断らず、感謝の気持ちを添えます。

✕ しつこいんですけど…

○ お気持ちは重々わかるのですが

❗ 相手がしつこく食い下がってきたときに使います。相手の立場に立ってやんわりと断ります。

✕ 今、忙しいのでできません

○ ○○さんから、あさってまでにデータをまとめるように頼まれております。来週以降でしたらお引き受けできるのですが…

❗ 完全拒否ではなく、○日からなら大丈夫など、受け入れる姿勢を見せるとよいでしょう。

✕ そんな仕事はできません

○ そのような大役は私には荷が重過ぎます

❗ 面倒な役、仕事を断るときのフレーズ。へりくだって断る言い方です。

こんな断り方も

残念な気持ち、次回に含みをもたせる言葉を入れ、ストレートな言い方を避けます。

「申し訳ありませんが、今回は見合わせることになってしまいました」

「せっかくのお話ですが、かえってご迷惑をおかけすることになると思いますので、今回は辞退させていただきます」

謝るとき

✕ 本当にすみません

○ 大変申し訳ございません

❗ 普段つい口にしてしまう「すみません」「ごめんなさい」は、ビジネスには向きません。

✕ お詫び致します

○ お詫び申し上げます

❗「心から」を添えると、よりていねいになります。

✕ こちらの手違いで、すみませんです

○ こちらの手違いで、大変ご迷惑をおかけし、申し訳ございませんでした

❗「です」をつけるとていねいに感じますが、使い方を間違えると逆効果。この場合は、クッション言葉を添えて、ていねいな言い方にします。

お待たせするとき・お礼をするとき

お待たせ（保留）するときは申し訳ない気持ちを入れて

× ちょっとお待ちいただけますか

○ 少々お待ちください

! ビジネスでは「ちょっと」ではなく「少々」を使います。

× 検討しています。もう少し時間がかかるかもしれません

○ ただいま検討中です。申し訳ありませんが、〇日までお待ちいただけますでしょうか

! 保留にするものについて、何日までに答えが出るかを明確にしておくと、親切です。

電話や来客時に保留にするとき

× 上司に確認するので、待ってください

○ 少々お時間をいただいてもよろしいでしょうか。上の者に確認してまいります

! 丁重な言葉と表情で、相手を待たせてしまうことを申し訳なく思う気持ちを示します。

取引先の要求を保留にするとき

× 今日のお話はいったん保留とさせていただきます

○ 本日うかがったお話は、いったん社に持ち帰らせていただき、上の者と相談の上、改めてご連絡申し上げます

! 可否の判断がつかないものは、その場で回答せず、保留にします。無理な要求の場合は、時間をおいて断りの連絡を入れるのが基本。

お礼は素直な気持ちをていねいに

△ 結構なものをありがとうございます

○ お心づかいいただき、ありがとうございます

! いただき物については、上記のほかに「ごていねいにありがとうございます」でも。

△ 雨の中、ありがとうございます

○ お足元が悪い中、わざわざ弊社までお越しいただき、ありがとうございます

! 取引先の担当者が来社したときは、へりくだって「ご足労いただき、ありがとうございます」などと述べます。

「ら」抜き言葉は耳障り

「ら」抜き言葉が一般的に使われていますが、敬語の使い方としてはNGです。

×	○
見れない	見られない
食べれない	食べられない
来れない	来られない

column

お礼の手紙・はがきのマナー

礼状で大切なのはできるだけ早く出すこと

仕事でお世話になったとき、何かいただいたとき、感謝の気持ちを相手に伝えることは大切です。メールでお礼を伝えるのもよいですが、手紙のほうがよりていねいで、感謝の気持ちが伝わります。また、電子文書が当たり前になった今だからこそ、あえて手書きにすることで、より思いが伝えられます。

ビジネスでの礼状は、形式を重んじ、拝啓・敬具などの頭語・結語を必ず用います。敬語の使い方にも十分注意しましょう。

また、親しい人への礼状は横書きでもかまいませんが、目上の人へのあらたまった礼状は、縦書きにしたほうが無難です。便箋や封筒は白い色が基本。絵柄が入ったかわいいものは避けましょう。封をするときは、セロハンテープではなくのりづけにします。さらに、切手の料金不足は相手に負担をかけることになるので、くれぐれも注意しましょう。

なお、礼状は遅くても、３日以内に投函するのがマナー。お世話になった日に礼状を書き、翌日中には投函しましょう。

はがきでもOKだが、手紙と同様に構成を整える

通常、目上の人へは封書が基本ですが、礼状の場合は、はがきでも失礼になりません。ただし、縦書きにし、構成（152ページ参照）をきちんと整えます。筆記具は、ボールペンではなく、黒かブルーブラックのインクの万年筆かサインペンを使用するのが無難です。

礼状には、他の用件は書きません。お礼が「ついで」の印象になってしまうからです。ただし、お世話になった方へは、お礼の文章の後に、今後の支援を願う一文、たとえば「今後ともご指導賜りますよう、お願い申し上げます」と添えましょう。

Part 5

＼デキる人になる！／

伝達ツールのマナー

電話、メール、ビジネス文書などは、
会社の印象を左右します。
相手を思いやる心で伝えましょう。

電話・メール・FAXを使い分ける

どうして必要？

各ツールの長所を活かした使い方をすれば、スムーズに連絡をすることができます。

Goodマナー

金額や日程はメールに

見積金額や納期など数字を含む用件、打ち合わせの日時や場所など、あとで確認できるようにするものは、履歴が残るメールで送ります。

緊急時は電話で

急ぎの用件やトラブルなどで話が複雑になったとき、大切な交渉事は、直接話せる電話にします。

コレはNG

- 緊急な用件をメールで送る。
- 謝罪をメールやFAXで送る。
- メールですむ簡単なあいさつや確認なども常に電話で連絡する。
- 大量の書類をFAXで送る。

目的と相手の状況に適した通信ツールを選ぶ

ビジネスシーンでは、メールと電話によるやりとりが主流ですが、**大切なのは、用途や相手の状況に合ったツールを選ぶこと**です。

特に、**メールは過信しないこと。**誰もが1日に何度もメールをチェックするとは限らないので、返答がほしいメールを送ったときや、返信がなかなか来ないときには、電話をして「先日メールでお送りした○○の件ですが、いかがでしょうか」と確認しましょう。

また、メールを使わない人もいます。あらかじめ、通常の連絡はメールと電話のどちらがよいか、表や図版などを送るときはPDFまたはFAXのどちらがよいかを確認しておくとスムーズです。ただし、**契約書などの重要書類はメールやFAXで送信してはいけません。**

通信ツールの使い分け方

各ツールの長所・短所を理解した上で、ベストなものを選びましょう。

電話

こんなときに
- 急な変更やキャンセルがあったとき。
- お詫びやお礼など、すぐに気持ちを表したいとき。
- すぐに返事がほしいとき。
- 込み入った話をするとき。

長所
- その場ですぐに相手と話せる。
- 文章にしづらいニュアンスを伝えることができる。
- 相手の話し方などから様子がわかる。

短所
- 相手の仕事を中断させるので、配慮が必要。
- 周囲の状況によっては、秘密の話ができない。
- すぐにつながらない可能性がある。

メール

こんなときに
- 緊急ではない連絡事項を送るとき。
- 複数の人と同じ内容を共有したいとき。
- 会議などの決定事項を確認したいとき。

長所
- 相手の都合に関係なくいつでも送信できる。
- 送受信の履歴が残る。
- 複数枚の資料や図版でも送信できる。
- 紙やインクを使わずにすむ。

短所
- 相手がメールを読んだかどうかわからない。
- 文章だけでは微妙なニュアンスや意図が伝わらず、誤解が生じる場合も。
- 相手にPC環境がないと送受信できない。
- アドレスを間違えると、全文が他人に読まれてしまう。また、間違いに気づきにくい。

FAX

こんなときに
- 資料や図版を見てもらうとき。
- 手書きの原稿を送るとき。

長所
- 相手が不在でも送信しておける。
- 手書きの図や地図などをそのまま見せられる。

短所
- 大量に送るのは相手に迷惑になる。
- 他の人にも見られるリスクがある。
- 番号を間違えると、全文が他人に読まれてしまう。また、間違いに気づきにくい。

Happy Step

電話を上手に使う

プライベートでの連絡手段はＳＮＳが多いでしょうが、仕事の場合は電話を上手に活用することも大切。遠方の人への依頼、お礼やお詫びは、メールよりも電話のほうが相手に気持ちが伝わります。通常の仕事でも、一度あいさつを兼ねて電話で用件を伝えると、お互いの声から人柄を感じることができ、その後のメールのやりとりがよりスムーズになります。

Point!

資料が多い場合は、メール添付か郵送に

資料が数十枚になるときは、その旨を先方に伝え、メール、郵送のどちらがよいかを確認しましょう。なお、写真や図版など容量の大きい資料をメールで送る際は、相手が受け取れる容量を確認します。大容量転送サービスを利用すると便利です。

電話の受け方・取り次ぎ方

どうして必要？

電話を受けた人の印象が、会社のイメージを左右するため、感じのよい応対が大切です。

Goodマナー

明るい声でていねいに

いつもより口を大きく開けて、ワントーン高い声で応対すると印象がよくなります。

しっかりメモをとる

自分あての電話はもちろん、伝言を受けるときもしっかりメモをとりましょう。

積極的に電話に出る

電話に出るのも仕事のうち。かける側は長くコールが続くと不安になります。できるだけ３コール以内に出るようにしましょう。

コレはNG

- 電話が鳴っているのにとらない。
- すぐに社名を名乗らず、だまったままでいる。
- 暗い声、ハッキリしない声で話す。
- メモをとらない。
- 遅刻しているなどの内情を話す。

迅速・正確・簡潔が電話応対の基本

電話応対は、会社の印象をよくも悪くもします。**ていねいで感じのよい応対を心がけましょう。**

たとえば、長く**鳴りっぱなしだった電話をとったときは「お待たせいたしました」のひと言**を添えます。

取り次ぐ場合は、指名者に相手の社名や名前を正確に伝えます。その際も間違いのないよう、しっかりメモをとることが大切です。

なお、指名者が不在のときは、戻り時間を確認し「〇時頃に戻る予定ですが、伝言を承りましょうか」と伝えます。遅刻している、トイレに行ったなど、伝える必要のないことは言わないのがルール。席にいない場合は、「ただいま席をはずしております」とだけ伝えます。TPOに合わせて、**臨機応変に対応**しましょう。

電話を受けてからの流れ

1 電話に出る

「○○会社でございます」

- 3コール以内に。ただし、早過ぎると相手が驚くので、1コールは待ちましょう。
- すぐに社名を名乗ります。「○○会社商品企画部です」と部署名を添えても。
- 始業間もない時刻なら、「おはようございます」を最初に言うと好印象です。

2 相手の名前などを復唱して確認

「△△社の原田様でいらっしゃいますね。いつもお世話になっております」

- 相手が名乗らない場合は、「失礼ですが、どちら様でしょうか」と確認します。
- はっきり聞き取れなかったら「恐れ入りますが、もう一度お願いできますでしょうか」と聞き返します。聞き取れない場合は、社名もしくは名前だけでも覚えておきましょう。

3 取り次ぐ・名乗る

「□□でございますね。少々お待ちください」

- 指名者が打ち合わせ中、電話中などの場合、「よろしければ（少し時間がかかりそうですので）、折り返しお電話を差し上げてもよろしいでしょうか」とたずねます。
- 自分にかかってきた電話に出た場合、「はい、わたくしです」と名乗ります。なお、取り次いでもらったときは、「お電話代わりました。××です。いつもお世話になっております」とあいさつします。

4 指名者が不在の場合、用件を聞く

「申し訳ありません。あいにく□□は外出しております。よろしければ、わたくし××がかわってご用件を承りましょうか」

- 外出している、会議をしている場合、何時に戻るかを確認し「○時頃に戻る予定でございます」と伝えます。
- 用件を聞くときは、必ずメモをとりましょう。
- こちらから折り返す必要があるのか、再度連絡をもらえるのかを確認することも忘れずに。

5 用件を復唱する

「それでは復唱いたします。○○の件…（内容）…ということでございますね。□□が戻りましたら、確かに申し伝えます」

- 聞き間違いがないかを復唱して相手に確認してもらいます。日時や場所、固有名詞に関する情報は、特に強調して確認しましょう。

6 電話を切る

「わたくし××が承りました。それでは失礼いたします」

- 最後に自分の名前を伝えることで、相手に信頼感を与えます。
- 自分への電話の場合は、「よろしくお願いいたします。失礼いたします」。

メモのとり方

指名者が不在の場合、次の項目のメモをしましょう。

- 日時
- 相手の会社、部署、氏名
- 伝言する用件
- 電話を受けた者の氏名

クレーム電話の対処法

どうして必要？ 誠実でていねいな対応を心がけることで、企業イメージがアップします。

Goodマナー

まずは謝罪する

全容を聞く前に、まず、不快な気持ちにさせたことに対して謝罪します。

同意の気持ちを表す

相手の言い分を聞き、「さようでございますか」など、同意の気持ちを表す言葉を述べます。

言い分を最後まで聞く

詳細について、相手の言葉をさえぎらずに聞いて把握しましょう。

大変申し訳ありません。
差し支えなければ、
内容をお聞かせください。

コレはNG

- 長い保留、転送のたらい回し。
- 言い訳をする。
- 相手の言葉をさえぎる。
- 否定的な発言をする。
- 相手を責める。

クレーム対応は冷静&誠実にのぞむ

クレーム電話を受けたときは、感情的にならず、**まず冷静になることです。**どんなクレームもお客様の声ということを心にとめて、**誠実な態度**でのぞみましょう。

ていねいな言葉づかいと、落ち着いた声のトーンを心がけて、相手の言い分に耳を傾けます。そして、まずは不快にさせてしまったことに対して謝罪します。ただし、**クレームの全容がわからない段階で、「全て当社の責任です」などと全面謝罪をしてはいけません。**かえってトラブルの原因になることも。即答できないときは、「大変申し訳ございません。確認をして改めてご連絡申し上げます」と、いったん電話を切って折り返します。長く保留にしたり、たらい回しにするのはもってのほかです。迅速な対応を心がけましょう。

クレーム対応の流れ

1 まずは部分的に謝罪

たとえ理不尽な内容でも、まずは不快にさせてしまったことに対する謝罪をします。

このたびは、
ご不快な思いをおかけいたしまして、大変申し訳ございませんでした

2 相手の話をよく聞く

相手の言葉を途中でさえぎったり、否定的な発言で言い訳したりせず、言い分を受け止める言葉を入れながら、じっくり話を聞きましょう。

さようでございましたか

どのような内容でしょうか

3 お名前と連絡先を聞く

アフターフォローのために、相手の氏名と連絡先を聞きます。メモをとり、復唱します。

恐れ入りますが、
念のため、お名前と
ご連絡先をお聞かせいただけませんでしょうか

4 感謝の言葉

先方が納得したり、何らかの解決があったりしたときは、クレームを貴重な意見と受け止め、感謝の言葉と、自分の名前も伝えます。

このたびは貴重な
ご意見をいただき、ありがとうございました。わたくし
○○が確かに承りました

※解決しないときは、改めて上司から電話をしてもらいます。

営業電話の対処法

営業電話を受けたときは、できるだけ短いやりとりで、ていねいに断り、電話を静かに切ります。相手の営業トークに長々と付き合ったり、担当者の名前を教えたりしてはいけません。

❶ 先に質問する

相手がどこの誰か不明の場合、営業電話か否かを判断するために、こちらから先に用件を質問します。取引先かのような口調の相手にも有効です。

「恐れ入りますが、どのようなご用件でしょうか」

❷ きっぱり断り、お礼を言う

必要のない営業電話とわかったら、ていねいにきっぱりと断ります。お礼の言葉は、会話を終える意思表示になります。相手が一方的に営業トークを始めた場合も、「お話中ですが、電話を切らせていただきます」とひと言伝えて電話を切ります。

「申し訳ございませんが、営業のお電話はお取り次ぎいたしかねます。お電話ありがとうございました」

「お話し中、申し訳ございませんが失礼いたします」

電話のかけ方

どうして必要？

相手に失礼のない話し方、用件を手早く正確に伝えられる術をもつことが仕事では大切だからです。

Goodマナー

要点をまとめておく

用件を簡潔に正確に伝えるために、電話をかける前に箇条書きにしておきましょう。

かける時間帯に配慮

急用でない限り、忙しい時間帯や昼休みは避けます。また、会社によっては、昼休みや就業時間外は留守番電話になっていることがあります。電話をかけるときは、時間に気をつけましょう。

すぐメモできるように

電話でアポイントを取ったり、日時の調整をするときは、必ずメモをし、復唱して確認をとるようにしましょう。

〇〇の件、承知いたしました。〇時にお伺いいたします。どうぞよろしくお願いいたします。

コレはNG

- 相手をよく確認せずに話し出す。
- 何を言いたいのかわからない。

要領よく話すには事前準備をしっかりと

電話をかけるときも、感じのよい話し方をするのが基本ですが、さらに大切なのが、事前準備です。まず、相手を間違えないよう、電話番号、部署名をしっかり確認します。話す用件を順序立ててメモ書きにし、必要に応じて、日程表や資料もすぐチェックできるように出しておきます。こうすれば、**短い時間で要領よく話す**ことができ、伝え忘れも防げます。

急用の場合は別ですが、**電話をかける時間帯にも配慮が必要**です。始業直後や昼休み、終業間際は避けましょう。相手が出たら、「今、お時間よろしいでしょうか」とひと言たずねるのもマナーです。

また、留守番電話の場合は、黙って切らずに必ず「〇〇会社の△△です。またお電話いたします」などとメッセージを残しましょう。

電話のかけ方の流れ

1 事前に要点をまとめる

- 用件を順序立てて箇条書きにしておくと安心です。

2 電話をかける

- 番号を間違えたり、相手を確認せずに用件をまくしたてないように注意します。

3 相手が出たら名乗る

「△△社の○○です。いつもお世話になっております」

- 相手が出たら、聞き取りやすいように、ひと呼吸おいてから話します。かけたほうが先に名乗るのがルールです。
- 初めての相手に電話をかけた場合は**「はじめまして、突然のお電話で失礼いたします。わたくし、△△社の○○と申します」**とあいさつします。

4 取り次ぎを頼む

「恐れ入りますが、××課の○○○○様はいらっしゃいますでしょうか」

- 同じ姓の人が複数いる部署にかける場合は、フルネームで伝えます。
- 相手の操作ミスで電話が切れてしまっても、こちらからかけ直し、**「切れてしまったようで申し訳ありません」**と伝えます。

5 用件を話す

「○○の件でお電話したのですが、今、お時間よろしいでしょうか」

- 担当者が出たら、再び名乗り、あいさつをします。
- 「今、お話ししてもよろしいでしょうか」など、相手が電話で話せる状態かどうかも確認しましょう。
- 用件は、5W3H（いつ、どこで、誰が、何を、なぜ、どのように、いくつ、いくら）を念頭において、簡潔に伝えます（69ページ参照）。

6 お礼のあいさつ

「お忙しいところ、ありがとうございました」

- 必要に応じて、用件を復唱。
- 電話を切る前に、時間をとってもらったことへの感謝の気持ちを伝えます。

7 電話を切る

- 相手が切るのを待ってから、もしくは先に切る場合はフックを手で押して切るようにします。

不在の場合

かけ直すか、伝言を頼む

不在を告げられたら**「かしこまりました」**と言ってから、**「では、のちほどお電話いたします。何時頃にお戻りでしょうか」**、または**「では、恐れ入りますが、伝言をお願いしてよろしいでしょうか」**と伝えます。

ビジネス電話の言い回し

面識のない相手と話すとき

はじめまして、
突然失礼いたします。
わたくし、○○社営業部の
田中と申します

用件を切り出すとき

○○について、
お話しさせていただき
たいのですが、今、
よろしいでしょうか

相手の声が聞き取れないとき

恐れ入りますが、
もう一度お名前を
お聞かせください

申し訳ございませんが、
お電話が遠いようです

間違い電話をしたとき

かけ間違えて
しまいました。申し訳
ございませんでした

折り返しの電話がないとき

たびたび申し訳
ございません。○○社の
田中と申しますが、
至急△△様にお伝え
したいことがございます。
ご連絡をとる方法は
ございますでしょうか

＼ 好感度アップ！ ／

電話での話し方のポイント

明るくていねいな口調で話す

明るくハキハキとした応対は気持ちがよいもの。電話で話すときは、あなたの声が会社の印象を決めます。やや高めのトーンで、普段よりゆっくり話すようにしましょう。

簡潔にわかりやすく

電話で話す内容は、電話1件について3分以内を目安にまとめられるよう、話を整理してから電話をかけます。

最後は印象よく

電話を切るときは、「よろしくお願いします」のあいさつで締めます。「ありがとうございました」を加えると、より好印象です。

用件を簡潔に伝えるコツ

プレゼンテーションに使われる**PREP法**を
電話にも使ってみましょう。

1 POINT

ポイントや結論を先に言う

これから話す内容や、何が言いたいのかの全体像が伝わりやすくなります。

「今、プレゼンが終わりました。
A案に決まりました」

2 REASON

その理由を言う

なぜそうなったかの理由を言うことで、論理性、妥当性が伝わります。

「やはり企画内容が、
先方のニーズと
合っていたようです」

3 EXAMPLE

具体例を出す

具体例を出すと、説得力が高まります。客観的な視点が裏付けとなり、相手も納得します。

「たとえば、
価格の部分では……」

4 POINT

結論を繰り返す

話の最後に結論やポイントを繰り返し、大事なことを相手に強調します。

「以上、
○○社様の件は、
A案で決定です」

Happy Step

電話でも姿勢を正して

電話は会話だけのツールです。しかし、顔が見えないからといって、脚を組んでえらそうにしたり、頬づえをつきながら話したりするのはNG。自分では気づかなくても、そんな姿勢やその場の雰囲気は声のトーンで相手に伝わるものです。また、職場の人たちにも、だらしない印象を与えてしまいます。

電話での会話も大切な仕事です。姿勢を正して応対することを心がけましょう。

こんなときは？

留守番電話だったとき

急ぎの用件のときは、メッセージを残します。その場合は、社名と名前、用件を簡潔に言います。電話がほしいときは「恐縮ですが、○○社の△△までご連絡いただけると幸いです」とひと言添えます。

急ぎでない場合は、メッセージを残さず、時間をおいてかけ直すか、メールで連絡をします。

スマホ・携帯電話のマナー

どうして必要？

仕事とプライベートをきっちり切り換え、賢い使い方をしましょう。

Goodマナー

マナーモードにする

普段はマナーモードにし、重要な会議中や商談中は電源をオフにしましょう。

私用のSNSは休憩中に

私用電話はもちろん、SNSは仕事中にしないのが原則。ラインなどのチェックは昼休みに行いましょう。

周囲に配慮する

声の大きさと話す内容に気をつけます。相手の状態や電波状況にも配慮しましょう。

コレはNG

- 着信音をオンにしている。
- 仕事中にプライベートのSNSのチェックをする。
- 仕事中にゲームをする。
- 大声で話す。
- 歩きスマホをする。

★デスクの上に置かない、ロッカーに入れるなど、スマホの扱いについては、会社のルールに従いましょう。

スマホ・携帯を勤務中に私用で使うのはNG

スマホや携帯電話は、それが自分のものであっても、会社のものでも、仕事とプライベートをしっかり分けて使うのが原則。気軽さや利便性に甘えて、**私生活の延長感覚で使用するのはマナー違反**です。

オフィスでは、頭も電話もビジネスモードに切り換えましょう。

プライベートな電話、**SNSのチェックは、休憩時間に**するのがマナーです。

また、取引先や外出中の上司などに連絡するときも、スマホや携帯電話にかけるのは、緊急事態や相手から「携帯に連絡を」と指示されたときのみにしましょう。

さらに、外出先などでスマホや携帯電話を使うときは、情報漏えいを防ぐため、固有名詞や交渉内容などをむやみに話さないように気をつけます。

スマホや携帯電話の電話マナー

かけるとき

●かける前に確認を

たとえ名刺に携帯番号が記載されていても、いきなりスマホや携帯にかけるのは失礼です。前もって、普段の連絡を会社と携帯のどちらにすればよいのかを確認しておきましょう。

●時間帯に配慮

いくら24時間連絡可能なツールでも、就業時間以外の朝早く、または夜遅い時間にかけるのはマナー違反。また、昼休みなどの休憩時間も避けたほうがよいでしょう。

緊急事態のとき（上司へ）

「夜分遅くに申し訳ありません。今、お話ししても大丈夫でしょうか。○○の件で、至急△△社の××様が連絡をとりたいそうです。恐れ入りますが、よろしくお願いいたします」

受けるとき

●移動中は折り返す

電車で移動中のときは、電話に出ないのが基本。次の駅で降りてから電話します。**「申し訳ございません。電車に乗っておりましたので、電話に出られませんでした」**と、ひと言伝えます。

●会社から支給されたスマホや携帯電話の電源は切らない

勤務中は電源を切らず、着信チェックを忘れないようにしましょう。

話すとき

●情報漏えいに注意

情報が周囲の不特定多数の人に聞かれないよう、細心の注意を払いましょう。具体的な会社名や商談・価格交渉、進行中のプロジェクトに関することは、むやみに話さないほうが賢明です。

Happy Step

他人の携帯番号はむやみに教えない

携帯番号は、個人のもの。取引先の人から、不在の人の携帯電話の番号を聞かれることがあっても、本人の許可なくして勝手に教えないのが原則です。その場合は、「申し訳ございません。至急、××に連絡を取り、○○様へご連絡させるようにいたします」と伝えましょう。

ただし、会社から支給されているスマホや携帯電話の番号はビジネス専用なので教えてもかまいません。

こんなときは？

会社の人に緊急時の連絡先として携帯番号を聞かれたとき

個人情報なので、どうしても教えなくてはいけない、というものではありません。同じ会社の人とはいえ、個人情報を教えると、トラブルのもとになることもあります。業務上、必要かどうかを上司や女性の先輩に相談して、あとは自己責任で教えるかどうかを判断しましょう。

スマホ・携帯電話での表現

社外の人のスマホ・携帯電話へ連絡するとき

相手が電話をしてもよい状況か、気配りをすることを忘れないようにしましょう。

1 社名と名前を名乗る

「○○○○社の
宇田川と申します」

会社の電話にかけるときと同様に、まず社名と名前を名乗ります。

ひと言添えると、よりていねい

どうしても連絡をとりたかった場合

「外出先にまでお電話
してしまい、申し訳ありません」

休日、早朝、夜20時以降にかける場合

「お休みの日にお電話してしまい、
大変申し訳ございません」

「朝早くに失礼いたします」

「夜分遅くに大変申し訳ありません」

2 用件を伝える

「○○の件で
お電話しました」

何の用件で電話をしたのかを伝えます。

3 了解をとる

「今、お話ししても
よろしいでしょうか」

相手の状況を聞き、このまま話を続けてよいか了解を得ます。**「今、お時間よろしいでしょうか」**でも。

Happy Step

**仕事用の携帯電話は
仕事関係の人の電話登録を**

携帯電話やスマホの場合、電話番号登録していない人から電話がかかってきたら、とらないという人が多いのではないでしょうか。しかし、会社から支給された携帯電話の場合は、とりあえずどんな電話にも出るようにしましょう。話をした後、すぐに会社名と名前、電話番号を登録しておくと、次に鳴ったとき、誰だかすぐにわかって便利です。

こんなときは？

充電したいとき

会社から支給されるものは別ですが、基本的にスマホや携帯電話は個人のものなので、その充電を会社で行うのはマナー違反。家で充電するか、携帯用の充電器を購入して充電を。

また、情報漏えいを防ぐ点からスマホをPCに接続しての充電を禁止している会社も少なくありません。社内のルールを確認しましょう。

SNSや携帯メールのマナー

社外の人へ携帯メールを送るのは緊急のときか、了解を得てから

ビジネスメールは、会社のパソコンのアドレスに送るのが基本です。ただし、緊急に連絡をとりたいときに電話も留守電になっている場合、SMS（ショートメッセージサービス）を送るという方法があります。また、携帯メールを送るときは、前もっていざというときにメールしてよいか了解をとっておきましょう。

遅刻や欠勤の連絡は電話連絡で

遅刻や欠勤は、相手に確実に伝わる電話連絡が基本です。

★会社によっては、社員同士の連絡ツールとしてSNSの使用をOKにしているところもあります。基本的に、職場のルールに従って使いましょう。

周囲に迷惑をかけないで使う

歩きながらメールやSNSをしたり、インターネットでの記事を読むのは、通行者とぶつかる危険があり、周囲に迷惑をかけます。

情報漏えいする危険も

SNSはアカウント乗っ取りや情報漏えいなど、セキュリティ上の不安がつきまとうことを忘れてはいけません。会社によってはコンプライアンスの観点から、業務連絡にSNSを使うことを禁止しているところもあります。

仕事用の携帯電話・スマホへメールを送るとき

- 相手の携帯電話の機種や表示設定によって、1行の文字数が異なるので、1つの文を30字くらいにまとめ、改行を多めに入れると読みやすくなります。**「携帯電話にまでご連絡して申し訳ございません」**などの一文を添えるとよいでしょう。
- CCに相手のパソコンのアドレスを入れておくと親切です。

社内の人とSNSするとき

社内でグループLINEなどのSNSを通じて、忘年会などの告知や調整に利用する場合もあります。その場合も、基本的に職場のルールに従って使いましょう。

社内のSNSは定期的にチェック

連絡事項の確認が遅くならないよう、定期的にチェックしましょう。ただし、就業時間以外や緊急時以外は臨機応変に対応を。

目上にスタンプは使わない

目上の人に「OK」「了解」などをスタンプで送るのは避けましょう。また、「了解」は目上の人から目下の人への言葉です。SNSでも「承知しました」としましょう。

うわさ話や愚痴《ぐち》を言わない

友人とのSNSのような感覚で、うわさ話や社内の特定の人への誹ぼう・中傷、仕事に対しての愚痴をこぼすのは禁物です。

ビジネスメールのマナー

どうして必要？

ビジネスにおいてメールは重要なツール。メールの印象が信頼感、好感度アップにつながります。

Goodマナー

簡潔に読みやすく

ていねいな言葉づかいで用件を簡潔にまとめ、改行や空白行などを入れて読みやすくします。

メールの返信は早く

返信が早いと、「仕事が早い」と評価され、好感をもたれます。できるだけ24時間以内に返信しましょう。

送信前に宛名や文面を確認

メールを送る前に、アドレス、名前、件名、内容をよく確認する習慣を。誤送信は、トラブルのもとにもなるので十分に注意しましょう。

アドレスと、会社名、名前に間違いがないかチェック！

コレはNG

- 宛先、文面をノーチェックで送信。
- 長文、一度に複数の案件を送る。
- メールの返信に2〜3日かかる。
- 絵文字などを使う。

★知らない相手からのメール、添付ファイルはウイルスの危険があるので要注意。むやみに開かないようにします。

正確に用件を伝え好印象をもたれる文面に

メールはビジネスに不可欠なツールですが、失礼な文面は誤解や不信感を抱かせます。文字だけのやりとりだからこそ、**ビジネスメールは必要なことだけをわかりやすく正確に、失礼のない文面で送ることが重要**です。

1日に何通ものメールをチェックする相手の負担にならないよう、読みやすいメールを心がけましょう。必要事項を簡潔に伝えるには、長文はNG。1件に1文書、結論から先に書くのがポイントです。社外にメールをするときは、命令口調や慇懃《いんぎん》無礼な文面になっていないかを、上司にチェックしてもらうとよいでしょう。

誤送信、誤字・脱字、添付ファイルの付け忘れは、マイナスイメージ。しっかり確認をしてから送信する習慣をつけましょう。

好感をもたれるメール作成のコツ

件名は用件内容を明確に

「○○商品説明会のご案内」「○日の打ち合わせの件」「サンプルチェックのお願い」など、何の用件なのかが、すぐにわかるものにします。

Point

- 1メール1案件
- 文書作成は文字化けしないテキスト形式
- あいまいな表現は避ける
- 繰り返し同じ文章を使わない
- 絵文字などはNG

★件名の後ろに名前を入れても

迷惑メールには、「ご連絡」「お礼」などの件名が少なくありません。「○○商品説明会のご案内（×× 佐々木）」と、件名＋社名＋名前を入れると、件名のみでどこの誰からのメールかが一目瞭然。迷惑メールと勘違いされることもありません。

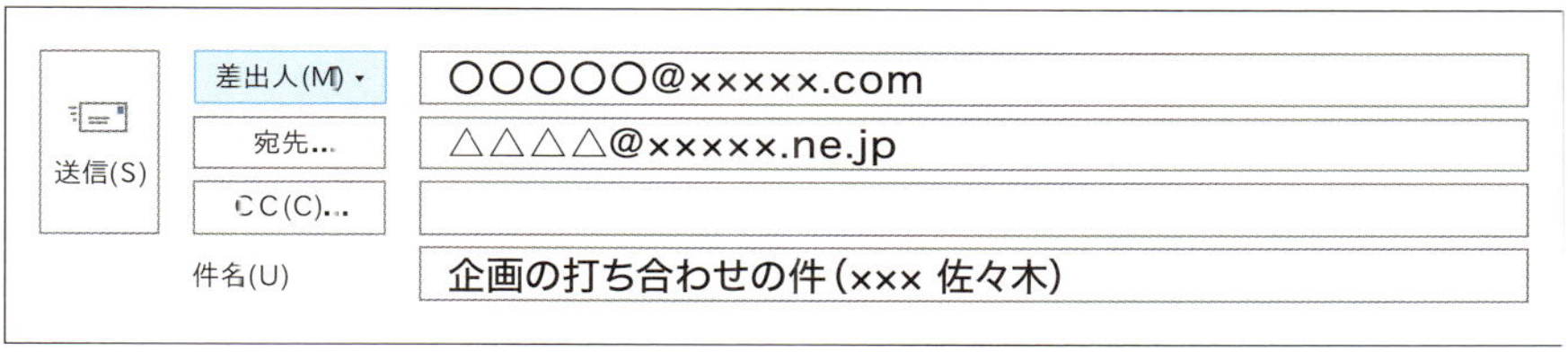
送信(S)
差出人(M)
○○○○○@xxxxx.com
宛先...
△△△△@xxxxx.ne.jp
CC(C)...
件名(U)
企画の打ち合わせの件（xxx 佐々木）

1行は25～30字まで

- 1行は多くても30字以内に。
- 区切りのよい位置に改行を入れる、段落ごとに空白の1行を入れるなどすると、見た目がすっきりして読みやすくなります。

容量は確認してから

大容量ファイルは届かないことがあるため、通常のビジネスメールでは2MBまでを目安に。また、ファイルを作成したソフトを相手がもっていない場合、開封できないので、事前に確認しましょう。

こんなときはメールNG

キャンセル・変更など急ぎの用件

メールを送っても、相手が必ず読むとは限りません。キャンセルや変更は、メールではなく、まずは電話で直接相手に知らせましょう。不在の場合は、伝言をお願いした後、メールも送ります。メールを送ってから電話をかけ直すとより安心です。

トラブルやお詫び

電話で連絡をした後、直接、先方に伺ってトラブルの対処やお詫びを伝えるのが原則。会うのがこわいからとメールで済ましてはいけません。誠意を伝えるには、会って対処、お詫びをするのが効果的です。

このたびは、
大変申し訳
ありません。

送信メールの基本フォーマット

❶ 宛先

❸の宛名の書き方とそろえることで、誤送信が予防できます。

❷ 件名は用件を明確に

ひと目で用件内容がわかるものにします。名前を入れても。

❸ 宛名には会社名・名前の後に様を入れる

名前だけでなく、会社名・所属を入れるとよりていねい。会社名と所属は2行に。

❹ あいさつ

- 冒頭はあいさつから始めます。一般的には、**「いつもお世話になっております」**などでOK。
- メールでは、拝啓などの頭語、敬具などの結語、時候のあいさつは不要です。

送信(S)

宛先… 株式会社〇〇食品　商品企画部　伊藤純一 ―❶

CC(C)…

件名(U) 新商品サンプルについて（斉藤）―❷

株式会社〇〇食品
商品企画部　伊藤純一様 ―❸

いつもお世話になっております。―❹
×××の斉藤でございます。―❺

伊藤様よりお問い合わせをいただきました
商品のサンプルができましたので、
ご説明に伺いたいと思います。―❻

お忙しいところ恐縮ですが、
ご都合のよい日時をいくつか教えていただけると幸いです。
どうぞよろしくお願い申し上げます。―❼

×××株式会社
営業1部　斉藤えり
〒000-0000　東京都千代田区神田神保町〇-〇-〇
TEL：03-0000-0000　FAX：03-0000-0000
Mail：saito@xxx.com
URL：http//www.xxx.co.jp ―❽

❺ 自分の社名・氏名を名乗る

何度もメールのやりとりをしたことのある相手でも、あいさつに続けて、名乗ります。

※相手にメールを送るのがはじめての場合は、簡単な自己紹介を入れる（132ページ参照）。

❻ 1メールに1案件

複数の用件がある場合でも、1メールに1案件が原則。複雑な話は電話します。

❼ 結び

- 何をしてほしいかを書きます。たとえば**「〇日までに〇〇〇をご確認ください」**など。
- 最後は**「何卒よろしくお願い申し上げます」**などで結びます。

❽ 最後に署名をつける

署名には自分の名前、会社や団体の情報を入れます。

ビジネスメールの注意点

1 読んだらすぐに返信する

即答できない内容でも受信したこと、答えられる部分のみを送り、残りについてはいつ頃までに返答できるかを返信します。 ※急ぎの場合は電話を。

2 断りのメールはやんわりと

断らなくてはいけないメールは、ストレートな表現は避け、「残念ですが、出席はむずかしく」など、やわらかい表現にします。

3 要点は箇条書きに

要点は、文章よりも箇条書きにしたほうが伝わります。また、そうすることで、メールを打つ時間も、相手が読む時間も短縮されます。

4 お詫びのメールはていねいに

電話で連絡後、直接会ってお詫びをするのが原則ですが、連絡がとれないときは、お詫びのメールを。いつもよりていねいな言葉づかいを心がけて。

5 お願いのメールは疑問形に

依頼のメールは、「～してください」ではなく、「～していただけますでしょうか」など、相手にゆだねる形にすると、印象がよくなります。

6 段落ごとに改行

メールの文章は、なるべく短くするのが基本。長くなる場合は、段落ごとに空白行を入れると、読みやすくなります。

誤解を招く表現は×

人によって解釈は異なります。双方が同じ解釈になるよう、具体的な表現を心がけましょう。

× 「今週中にご回答をお願いいたします」

送信側 金曜日のお昼までに回答がほしい

受信側 金曜日の17時までに回答すればよい

○ 「金曜日の12時までにご回答をお願いいたします」

× 「いくつか案をお願いできると幸いです」

送信側 3案以上はほしい

受信側 2案でよい

○ 「3案以上お願いできると幸いです」

★要求する際は、あいまいな表現はNG。「もっと明るいデザインで」では、具体性がありません。「パステルカラーにして」「赤を主体としたビビッドな色合いで」など、仕事をスムーズに進行するためには、受け取り側が「どうすればよいか」がわかる表現にすることが大切です。

返信・転送メールのポイント

❶ 件名

メールの内容によっては、返信ボタンをクリックして件名を変えずに送ります。

❷ 受信の連絡を

特に返答事項がない場合も、メールを受信したという連絡をします。

❸ 相手のメールを引用

相手のメールの文章の必要な箇所を一部抜粋。たとえば、相手の質問をそのまま引用し、その下に返事を書くと、的確に返答できます。

❹ 答えを簡潔に書く

できるだけ簡潔に必要なことだけ書きます。

❺ 結びの言葉を

締めくくりに「よろしくお願いいたします」などの言葉を入れます。

▼打ち合わせの日時をたずねてきたメールへの返信

送信(S)

宛先… 株式会社〇〇食品　企画開発部　相沢一郎

CC(C)…

件名(U) Re: 新企画のお打合せ日時について ―― ❶

株式会社〇〇食品
企画開発部　相沢一郎様

いつもお世話になっております。
△△△の山崎です。
ご連絡をありがとうございました。 ―― ❷

>10月10日(月)の週で
>ご都合のよい日時をお知らせいただけますでしょうか。
>2時間ほどを予定しておりますので、
>ご希望の時間帯もお知らせいただけると幸いです。 ―― ❸

勝手ながら、以下のいずれかでお願いできると幸いです。
10月11日(火)14時～
10月14日(金)16時～ ―― ❹

ご検討のほど、よろしくお願いいたします。 ―― ❺

……………………………………………………
△△△株式会社
山崎彩花
〒000-0000　東京都千代田区神田神保町〇-〇-〇
TEL：03-0000-0000　FAX：03-0000-0000
Mail：0000@000000
http://www.000.co.jp

転送するとき

件名や転送する文章はそのままに

件名は変えず、転送する文章は加工・編集しないで送ります。

引用文の前に転送の理由を

メールの冒頭に転送の目的を書きます。特に対応を必要としない場合も「参考までに」などと入れましょう。

TO、CC、BCCの使い分け

TO
（宛先）

- 受取人のアドレスを入れる
- メール内容を見てほしい人に送る

返信義務 ▶ ○

※CC付きの場合は全員に返信。

CC
（Carbon Copyの略）

- 宛先以外のアドレスを入れる
- 情報を共有したい人に送る（上司など同時に報告したい人）
- TOの人は誰と共有しているかわかる

返信義務 ▶ △

※内容によっては返信する場合も。

BCC
（Blind Carbon Copyの略）

- 宛先以外のアドレスを入れる
- こっそりと情報を共有したい人に送る
- 他の受信者（TO、CCの人）には見えない

返信義務 ▶ ×

CC付きメールを送るとき

TOの人に他にもこのメールを送っていることがわかるように、宛名にもCCで送っている人の名前を入れることがあります。

●CCでの受信者が複数いる場合

例：CC:吉田真希様
※役職の順に書きます。

●並び順がむずかしい場合・人数が多い場合

例：CC:関係各位

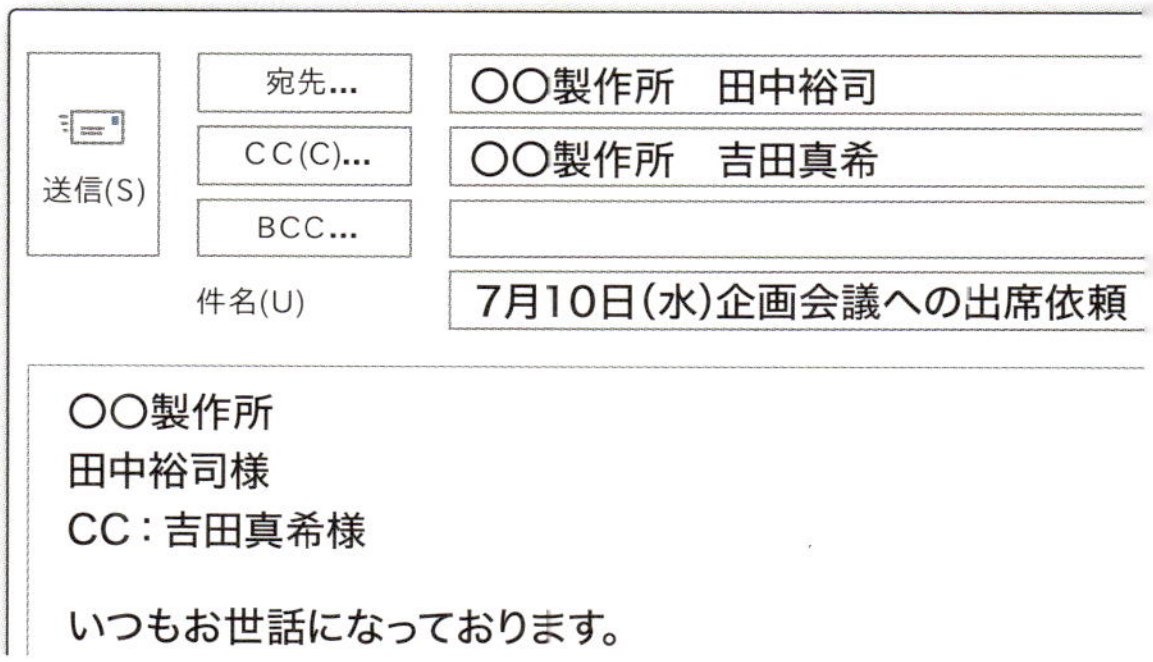
送信(S)
宛先...
○○製作所 田中裕司
CC(C)...
○○製作所 吉田真希
BCC...
件名(U)
7月10日(水)企画会議への出席依頼
○○製作所
田中裕司様
CC：吉田真希様
いつもお世話になっております。

Happy Step
送信時刻と曜日に配慮を

メールは相手の都合を気にせず送ることができるツールです。しかし、休業日の前日、たとえば金曜日の夕方にメールを送信した場合、返信をもらう時刻によっては、こちらがチェックするのは月曜になってしまうかもしれません。そのようなことが予測される場合は、メールに「土日は休業日のため、お返事は月曜になります」などと、ひと言添えておくとていねいです。

こんなときは？
期限内に返信がほしいとき

送る際に「10月５日（月）14時まで」と、具体的な日時を書きます。メールは、相手がいつ読んでくれるかわからないので、「明日のお昼までに」といった表現は避けましょう。また、メール送信の際は必ず署名（送信者の名前、会社名、部署名、電話番号、メールアドレスなど）を付け、相手が電話でも返事をしやすいようにします。

事例 1

面識のない人にはじめてメールを送るとき（お願いメール）

1 あいさつ

はじめてメールを送る、もしくは（受信者と自分が）面識がないことを最初に伝えます。

「はじめてご連絡いたします」「はじめてメールを差し上げます」など、はじめましてのあいさつ文を入れます。

2 会社名と名前を名乗る

どんな仕事をしている会社なのかも、簡単に説明します。**「（場所）で（事業内容）をしております、〇〇会社の〇〇と申します」「（事業内容）をしております〇〇会社の〇〇と申します」**。

件名(U)　監修のお願い

〇〇大学医学部
教授
沢田洋一郎様

はじめてメールをお送りさせていただきます。―1
健康事業をしております×××株式会社の
小林麻衣と申します。―2
〇〇出版の小坂様からご紹介いただき、
ご連絡させていただきました。―3

実は、弊社のホームページのサイトで生活習慣病の
病気別の解説を掲載することになり、
沢田先生にぜひ原稿の監修をお願いできればと思っております。―4

詳細については、添付したとおりです。
ご多忙中、大変恐縮ですが、ご検討をよろしくお願い申し上げます。
なお、大変勝手ながら、10月26日(金)までに、
お返事をいただけると幸いです。

何卒よろしくお願い申し上げます。

（署名）―5

3 どのようにしてアドレスを知り、メールしたかを伝える

はじめての人に、いきなり「お世話になっています」とは書きません。**「〇〇社の山田様からご紹介いただき、ご連絡いたしました」「御社のホームページを拝見し、メールさせていただきました」**など、はじめに誰からの紹介でメールを送っているのか、なぜアドレスを知ったかを述べます。

Point!

お願いメールを送って快諾してもらえたときは、必ずお礼のメールを送ります。「快くお引き受けくださり、感謝いたします」など、お礼の言葉を述べましょう。

4 用件は簡潔に、返事はいつまでにほしいかを明記

お願いしたい内容を簡潔に伝えます。また、お願いした内容を受けてくれるのかどうか、**「大変恐縮ですが、〇日までにお返事をいただけると幸いです」**と書きます。電話番号がわかっている場合は、**「改めて後ほど、電話にてご連絡いたします」**と添えます。

★詳細や依頼書は添付書類にすると、メール文が長くならず、先方にわかりやすく伝えられます。

5 署名は必ず入れる

相手が後で連絡しやすいように、社名、名前、電話番号、メールアドレスなどが入った署名を入れておきます。

事例 2 お詫びをするとき

① 件名に「お詫び」を入れる

何についてのお詫びなのかを簡潔に入れます。

② かしこまったあいさつ文で

普段より、硬い文章のあいさつ文で始めます。

③ 謝罪メールを送る理由

重大なミスの謝罪は直接出向くか、電話が本来。相手が不在だったので、取り急ぎメールを送ることを伝えます。

④ 何に対するお詫びか

何に対してのお詫びなのか、具体的に書くようにします。

件名(U)　○○データの誤送信についてのお詫び ―― ①

株式会社○○○○
営業部　田中慎一様

○○会社営業部の小林麻衣です。
平素より格別のお引き立てをいただき、厚く御礼申し上げます。―― ②

先ほど、お電話させていただきましたが、
ご出張中と伺いましたので、
メールにてご連絡させていただきました。―― ③

このたびの、私の不注意による○○データの誤送信につきまして、
心より深くお詫び申し上げます。―― ④

田中様をはじめ、関係者の皆様に多大なご迷惑をおかけしてしまい、
弁解の余地もございません。―― ⑤

今回のことを厳重に受け止め、今後、二度と
このようなことがないよう、メールの送信時には十分な確認を行い、
気を引き締めて業務に取り組んでまいります。―― ⑥

後日、あらためて、上司の木村とお詫びに伺いたいと存じますが、
まずはメールにてお詫び申し上げます。
本当に申し訳ございませんでした。
今後とも変わらぬご指導のほど、何卒よろしくお願いいたします。―― ⑦

(署名)

⑤ 素直に謝る

自分のミスが原因の場合は、言い訳をせず、誠意を込めて謝罪します。お詫びの言葉としては、**「誠に申し訳ございません」「深くお詫び申し上げます」**など。

⑥ 今後の心構えを

同じミスを繰り返さないという決意を示すことで、相手に安心感を与え、信頼関係をつなぎます。

Point!

直接伺って謝罪をするのが基本ですが、電話がつながらないときや、不在のときは、まずはメールでお詫びをします。

⑦ 結びで再度謝罪

結びで、もう一度、お詫びの言葉を入れます。あらためて謝罪に出向く場合は、そのことも伝えます。

★お詫びのメールは迅速に、相手に反省や謝罪の気持ち、誠意が伝わるようにしましょう。

事例 3

お断りをするとき

件名(U)　△△勉強会の件です ―― 1

〇〇会社　総務部
須藤佳代子様

お世話になっております。
〇〇社営業部の小林麻衣です。
このたびは、△△勉強会にお誘いいただき
ありがとうございます。―― 2

以前より、△△に関心を持っておりましたので、
ぜひとも参加したいところなのですが、
あいにくその日は出張でお伺いすることができません。―― 3

せっかくお誘いいただいたのに、申し訳ございません。―― 4
またお誘いいただけると嬉しいです。

今後もどうぞよろしくお願い申し上げます。―― 5

……………………………………

(署名)

1 件名は「〇〇の件」でOK

断りのメールの場合は、件名に「お断り」の文字を入れなくてもOKです。

2 断る前にお礼の言葉を

断る前に、まずは誘い・依頼・提案などに対するお礼を書きます。

3 理由も書いて断る

断りの言葉だけでなく、断る理由も書きます。必ずしも本当の理由でなくてもいいのですが、**「先約がありますので」**など角の立たない理由にしましょう。

4 お詫びの言葉を

申し訳ないという気持ちや残念に思っていることを伝えましょう。

内容によっては、**「もし〇〇なら、〇〇」**といった代替案を提示します。キッパリ断りたいときは、代替案は不要です。

5 次につなげる結びの言葉を

今後のおつき合いに支障がないよう、ていねいな結びにします。関係を断ちたい相手には、**「では、失礼いたします」**など、あっさりした結びにします。

お断りメールで使えるフレーズ

●やんわり断る場合は A＋B

A	B
せっかくですが、	〇は難しい状況です。
残念ですが、	お役に立てそうにありません。
申し訳ありませんが、	今回は見送らせていただきます。
心苦しいのですが、	お気持ちだけ頂戴いたします。

●はっきりと断る場合

お断り申し上げます。

ご遠慮申し上げます。

ご辞退申し上げます。

★「結構です」はOKの意味もありますが、ストレート過ぎるので使いません。

事例 4 催促をするとき

件名(U) 見積書のお願い ①

〇〇〇会社
大野芳郎様

お世話になっております。
×××の小林です。

先日お願いいたしました〇〇の見積りの件、
10日までにお送りいただくようお願いしておりましたが、 ②
いかがでしょうか。

大変恐縮ですが、まだ手元に届いておりません。
15日の会議で検討をするため、
できれば13日までにお送りいただければと思います。 ③

すでに、いただいておりましたら、
大変申し訳ありません。 ④

ご多忙中、お手数をおかけいたしますが、
どうぞよろしくお願い申し上げます。 ⑤

×××株式会社
小林麻衣
〒000-0000　東京都千代田区神田神保町〇-〇-〇
TEL：03-0000-0000　FAX：03-0000-0000
Mail：0000@000000
http://www.000.co.jp

1 件名は「お願い」に

催促であっても、件名はあくまでも「お願い」にします。

2 確認

叱責するのではなく、**「お願いしていた〇〇はいかがでしょうか」「進行状況はいかがでしょうか」「その後、いかがですか」**など、疑問形にして内容を確認します。

3 事実を伝えて、期限を伝える

まだ届いていない事実、いつまでに必要かをきちんと伝えます。期日の理由を述べることで、締切がより明確に伝わります。

4 自分に非があるかもしれないことも添える

入れ違いに、催促していたものが届いている場合もあります。また、自分の確認ミスという場合もあるので、**「すでにご連絡いただいておりましたら、申し訳ありません」「私の思い違いかもしれませんが…」**などの一文も入れます。

5 結び

催促ですが、謙虚に**「お手数ですが」**と添えると印象がよくなります。また、**「再度、ご確認ください」「ご対応のほど、よろしくお願い申し上げます」**などと、結んでもよいでしょう。

Point!

催促されるというのは、誰もが不安やプレッシャーを感じます。こちらの確認ミスの可能性もありますので、「まだ～していただいておりません」など、やや遠回しに表現しましょう。

デキる人のメール術

どうして必要？

誤送信などのメールリスク、仕事の効率アップにつながるメール活用術をマスターしましょう。

Goodマナー

アドレス帳はフルネーム登録

いくつかの取引先に同姓の人がいる場合、フルネームとともに会社名・部署名を登録しておくと、誤送信を防げます。

不審なメールは開封しない

不審メールの情報を共有し、怪しいメールは開封しないこと。ウイルス対策はもちろん、個人情報など機密情報の取り扱いには慎重に。

受信トレイの整理整頓

案件ごとにフォルダを作って、分類しておくと、受信トレイに大量のメールがたまることはありません。自動振り分け設定も活用しましょう。フォルダに分類していると、過去のメールを瞬時に検索できます。

コレはNG

- メール作成後、すぐに送信ボタンを押す。
- 受信トレイに大量のメールがたまっている。
- メールの見落としや返信忘れが多い。
- メールはとりあえず、全部開封する。

メールの時短が仕事効率をアップする

パソコンだけでなく、スマホやタブレットでもメール対応が可能になりました。便利になった反面、1日の中でメール処理に多くの時間を割いている人は少なくありません。**効率よく仕事をするには、メール処理の時短が重要課題**といえるでしょう。

まず大切なのは、大量の受信メールをすぐにフォルダ分類し、受信トレイにたまらないようにすることです。優先順位をつけ、読んだらすぐに返信する習慣をつけましょう。用件によっては、電話で大筋を話し、メールで詳細を送るなどの合わせ技を使っても。

なお、いくら時短といっても、見直しチェックはしっかりと。誤送信には、細心の注意をはらいましょう。相手に失礼なだけでなく、情報漏えいにもつながります。

メール処理「時短」のポイント

1 チェックの時間を決める

メールが着信するたびに読んでは返信していると、そのほかの仕事が滞ってしまいます。メールを読むのは、1時間に1回、または○時と○時など、タイミングを決めておきましょう。

2 フラグを活用

メールチェックをしながら重要なものにマーク（フラグ、スターなど）をつけておき、対応後にはずすと、メールの用件を忘れることがありません。

3 フォルダへ振り分ける

取引先、プロジェクト、顧客、メルマガなど、それぞれフォルダを作って、該当メールを振り分けます。手動で振り分けてもOKですが、メールソフトの自動振り分け機能を活用しましょう。

4 迷惑メールを処理する

メールソフトの設定で、指定したメール＝迷惑メールを排除することができます。指定は、ドメインではなく、アドレス全部にしたほうがベターです。ドメインにすると、Webメールのアドレスを使用している人からのメールまで「迷惑メールフォルダ」に入ってしまうので、見落としの原因になります。

5 辞書登録機能を活用

パソコンの辞書登録機能を使って、よく使う名称やフレーズは、最初の数字や文字を入力するだけで呼び出せるようにすると、時間短縮になります。

6 フルネームでアドレス登録

会社名とフルネームでアドレス帳登録をしておくと、紛らわしい宛先を見分けやすいので、誤送信を防げます。特に、辞書登録機能で呼び出されたときに便利です。

Happy Step

重要度「！」を乱用しない

メール送信する際、「重要度 ！」のボタンを押すと、先方に届いたときに「！」マークがつき、重要という意味を伝えることができます。ただし、さほど重要な内容でもないのに、たくさんのメールの中で目立つように、自分のメールをいち早くチェックしてもらうために「！」ボタンを使うのはマナー違反。乱用するのは禁物。本当に必要なときだけにしましょう。

こんなときは？

誤送信してしまったとき

誤送信に気づいたら、すぐに誤送信した相手に電話をしてお詫びをします。そして、送ったメールを削除してもらうようお願いしましょう。

なお、電話しても不在の場合は、お詫びと送信メールの削除のお願いのメールを送信し、改めて電話をしてお詫びします。

FAX送信票の文例と書き方

どうして必要？

FAXの文書は誰が見るかわかりません。誰宛のどんな内容かがひと目でわかる送信票を作成しましょう。

Goodマナー

送信票を必ずつける

仕事上でFAXを送信する場合、送信票を添付するのがマナーです。送信先と発信元の会社名、部署名、フルネームを必ず書き、送信する合計枚数も記載します。

できるだけ少ない枚数で

相手の用紙やインクを浪費しないよう、できるだけ少ない枚数に収めて送信します。

カラー文書は白黒コピーを

カラー印刷のものはそのまま送ると判読できなくなる場合があるので、送信前に白黒にコピーし直してから送ります。

コレはNG

- 送信票をつけずにFAXで送る。
- 大量の枚数をFAXで送る。
- 重要・機密文書を送る。
- カラー文書を直接FAXで送る。

なるべく枚数は少なく、送信票は必ずつける

FAXでの送信は受信する側でプリントするので、なるべく少ない枚数にまとめて送信するのがマナー。カラーのものは、白黒コピーをして見やすくしてから送信するなどの工夫も必要です。

また、無事に送信できても、問題なく相手が受け取ったかどうかはわからないため、送信後に電話で確認しましょう。さらに、何枚送られてくるのか相手はわからないので、**必ず、1枚目に送信票をつけます**。送信票には、宛先と送信する合計枚数を記入します。すべてに通し番号をつけておくと、受信漏れがあっても、すぐに対処できます。

なお、取引先など、仕事上の大切な相手からFAXにて文書受信したときは、内容と枚数を確認して受信したことを連絡します。

FAX送信票の基本フォーマット

FAX送信票

❶ 平成○○年○○月○○日

❷ 送信先
株式会社○○製作所
○○部
○○○○　様

❸ 発信元
○○○株式会社
総務部　山田光希
〒000-3333
東京都○○区○○○1-1
TEL 03-0000-0000
FAX 03-0000-1111

❹ 本票含め、全○枚送付いたします。

❺ いつもお世話になっております。
下記の件につきまして、FAXをお送りいたします。
ご査収のほど、よろしくお願い申し上げます。

❻ 送付内容
○○○○○

❼ □ご確認ください
☑ご査収後、ご連絡ください。
□こちらからお電話いたします。

1 送信日を必ず記入します。

2 送信先の会社名、部署名、担当者のフルネームを書きます。

3 発信元の連絡先（会社名、部署名、氏名、住所、電話番号・FAX番号）を書きます。

4 送信枚数の合計を書く。または、送信票は別にして「送信票を含まず○枚」などとします。

5 通年使える、簡単なあいさつ文でOK。「ご査収のほど～」は、「よく調べて受け取ってください」の意味。

6 何についての要件なのかが、ひと目でわかるように書きます。

7 受け取った後、どうしてほしいかを書くとていねいです。あらかじめ、3候補あげておき、都度、レ点で選ぶと便利です。

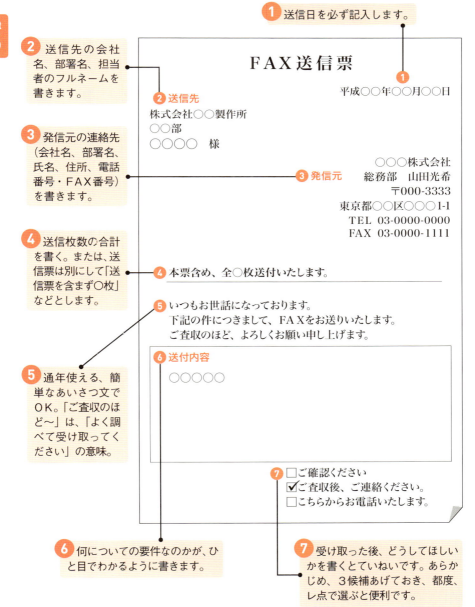

ビジネス文書のマナー

どうして必要？

フォーマットを作成しておくと、いろいろと応用できます。必要な情報を正確かつ簡潔に伝えましょう。

Good マナー

1文書につき1用件

１つの文書に複数の用件を入れると混乱や見落としの元になります。１文書に用件は１つが原則です。

礼儀正しい文書を

正しい敬語を使い、失礼のない文面にします。名称や数字に間違いがないかなど、見直しもしっかりと行い、ミスがあれば、修正して再度印刷します。

結論を先に書く

できるだけ簡潔でわかりやすい文書にするために、結論を先に書き、詳細は後で述べます。

コレはNG

- 1文書に複数の用件を入れる。
- 敬語の使い方が間違っている。
- 相手の会社名、氏名、商品名などを間違える。
- 誤字を修正テープなどで修正する。

ビジネス文書は「正確で簡潔に」が基本

仕事上のさまざまな情報を相手に正確に伝え、記録として残しておけるのがビジネス文書です。そのため、表現がまわりくどかったり、日時や場所、金額などの数字がひと目でわからなかったりするのはビジネス文書とはいえません。**ビジネス文書は、正確かつ簡潔、誰が読んでもわかりやすい文面であることが基本**です。

そのためには、ビジネス文書全てに使える基本フォーマット（ひな型）を作成しておくと便利です。そうすれば、それを応用するだけで用件を簡潔にまとめることができます。

文書特有の「頭語・結語」や「時候のあいさつ（158ページ参照）」も、パターンは決まっているので、フォーマットと一緒に覚書メモを作っておけば、困りません。

ビジネス文書の基本ルール

1 件名は具体的に

この文書が何についてのものなのかが、すぐにわかる件名をつけます。

2 結論から先に書く

文書の主文（用件）は、最初に結論を書き、その後に詳細を続けます。

3 文章は短めに

長い文章は読みづらいので、できるだけ短くまとめます。複数の要素があるときなど、必要に応じて箇条書きにしましょう。

4 社外文書の敬語には要注意

社内文書は基本的に敬語を使わなくてもOKですが、社外文書の場合は、敬称を含め、敬語を使います。間違った敬語を使っていないか、十分にチェックしてから送付します。

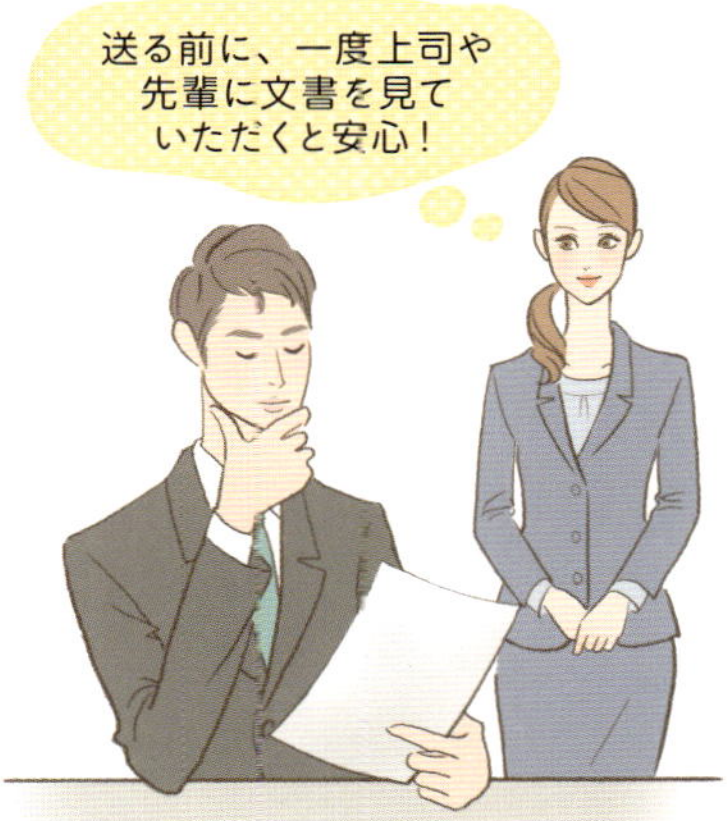
送る前に、一度上司や
先輩に文書を見て
いただくと安心！

5 記書きは正確に

催事の案内や研修会の通知などには「記書き」があります。日時や問い合わせ電話番号、場所の名称や住所などを間違えると各方面に迷惑がかかります。しっかり確認しましょう。

6 相手を気づかうフレーズを

文書の用件によっては、**「お忙しいところ申し訳ございませんが」**などの相手を気づかうフレーズを入れると、事務的な印象が緩和されます。

7 個人の感想や意見は書かない

ビジネス文書は公式文書なので、用件だけを書くのが基本です。ただし、異動のあいさつ状やお礼状などには、感謝の気持ちが伝わる一文を加えましょう。

8 サイズはA4、文字は黒

A４サイズの天地左右にほどよい余白を取り、文章が収まるように配置します。文字は黒、書体は、明朝体、ゴシック体、教科書体などが適しています。

ビジネス文書の基本フォーマット

平成○年○月○日

株式会社○○○○
○○課
○○○○　様

○○○○株式会社
小坂美咲
東京都江東区○○○○
TEL 03-0000-0000
FAX 03-0000-1111
kosaka@○○○○.ne.jp

新製品発表会のご案内

頭語

拝啓　時下ますますご清栄のこととお慶び申し上げます。

平素より、格別のご高配を賜り、厚く御礼申し上げます。

さて、このたび○月に発売する新製品の発表会を行います。好評をいただいております
△△△シリーズの美容ラインです。

ご多用とは存じますが、ぜひご高覧いただきたく、ご案内申し上げます。

敬具

結語

記

1. 日　時　平成○○年○月○日　15時より
2. 場　所　○○センタービル23階（東京都江東区○○○○）
3. ○○○○○○○○○○
4. ○○○○○○○○○○

以上

1 日付

西暦でもＯＫ。この文書を作成した日付を入れます。

2 宛先

会社名、部署名、フルネームを書きます。（株）や（有）などの略称は使わず、株式会社、有限会社とします。

3 差出人名

住所、電話、メールアドレスを入れるとていねいです。

4 件名

用件がひと目でわかる具体的な件名にします。

5 頭語+あいさつ

頭語は結語とセットで使います。冒頭のあいさつ文は、季節を問わず使えるものが無難。時候のあいさつ（158ページ参照）を入れても。

6 感謝を伝える定型文

日頃の感謝を伝える前文（はじめのあいさつ）を入れます。

7 用件（主文）

「さて」や「ところで」などの言葉を入れて、本題となる用件を書きます。

8 結びのあいさつ+結語

用件を受けた形で結びのあいさつを入れる。最後に結語を入れます。

9 記書き

用件の詳細を「記」の下に箇条書きで入れます。

10 記書きの締めの言葉

「記」の締めくくりとして、「以上」と入れます。

送付前のチェックポイント

□ 宛先、敬称に失礼がないか

相手の会社名、住所、氏名、敬称に間違いがないか、念入りに確認します。

敬称の使い方

- 個人名
  →**様**（例 田中〇〇様）
- 団体、会社など
  →**御中**（例 〇〇商事御中）
- 複数の人
  →**各位**（例 関係者各位）

□ 件名はわかりやすいか

何についての文書なのか、ひと目でわかる件名にします。

□ 記書きに間違いや記載漏れがないか

ビジネス文書の記書きに、間違いがあってはいけません。日程、場所、連絡先などは、正確に。

□ 誤字脱字、変換ミスはないか

パソコンで文章を作成するとありがちなのが、変換ミスです。誤字・脱字と併せて、チェックしましょう。

□ 改行は適当な位置か？

人の名前、商品名、地名、数字、熟語が2行にまたがると読みづらくなるので気をつけましょう。

□ レイアウトのバランスは？

左右の余白幅が違っていたり、行間が狭かったり、段落ごとに書体が違ったりしていないか、確認します。

フォーマットどおりに
書き終えたら、
必ずプリントアウトして、
間違いがないか
確認します。

社内文書

業務報告書や連絡事項などをまとめた社内宛のもの

- あいさつは省略し、いきなり本題に入るのが一般的
- 敬語は控えめ

社外文書

取引先やお客様など社外宛のもの

ビジネス文書　1 公共性をもたせる　2 間違いを防ぐ　3 記録として残す

社外文書例

案内状

平成○年○月○日

株式会社○○○○
営業1部
芦田隆二　様

○○○○株式会社
営業部　戸倉明日香

第32回総合見本市出展のご案内

頭語 拝啓　時下ますますご清栄のこととお慶び申し上げます。
　平素より、格別のご高配を賜り、厚く御礼申し上げます。
1 本年も総合見本市に出展する運びとなりました。2 来年春に発売予定の○○○を展示する予定となっています。さらに、今回からは、新たに開発を進めてまいりました○○○もはじめて展示する予定です。
3 ご多用とは存じますが、ぜひご高覧いただきたく、ご案内申し上げます。

敬具 結語

記

1. 開催期間　平成○年○月○日（○）～○月○日（○）
9:00～17:00（最終日は16:00まで）
2. 場所　東京××ホール
東京都江東区有明○－○－○　TEL 03-0000-0000
※弊社ブースは、同封の場内図をご覧ください。

4（添付書類）　東京ビッグサイト地図、場内図

以上

5 なお、ご不明な点がありましたら、営業部 戸倉明日香（TEL 03-0000-0000 tokura@○○○○.ne.jp）または小松 慎（TEL 03-0000-0000 skoma@○○○○.ne.jp）までご連絡ください。

1. 案内する内容。詳しいことは記書きに書くので、ここでは書きません。
2. 何かアピールすることがあれば、書き加えます。
3. 案内の内容に続いて、出席のお願いのフレーズを入れます。
4. 同封する書類などがあれば、記載しておきます。
5. 電話番号だけでなく、メールアドレスを記載しておくと親切です。

頭語と結語は対になっている

ビジネス文書にも手紙と同様、頭語と結語を使います。頭語と結語は対になっており、組み合わせが決まっています。

拝啓―敬具（一般的）
謹啓―敬白、謹白
前略―草々
（略式。急いで書きましたの意味で使う）
拝復―敬具（返信のときに使う）

社外文書例 依頼状

① 面識のない人への依頼状では、どんな会社なのかを簡単に説明します。

② 依頼内容。お願いしたいこと、頼みたいことを、具体的に明確に書きます。お願いごとなので、謙虚な姿勢が伝わるよう心がけましょう。

③ 結びのあいさつは、依頼の内容に続けて、改めてお願いのフレーズを入れます。

④ 記書き。講師、取材、監修などのお願いの場合は、謝礼も記載しておくと、相手の検討の目安になります。

平成○年○月○日

○○○○研究所
高井戸陽介　先生

株式会社○○○○○
広報部　木内佳奈

講演会の講師のお願い

拝啓　時下ますますご清祥のこととお慶び申し上げます。
①小社は健康ドリンクやサプリメントをはじめ、さまざまな商品を開発、販売しております健康食品会社です。じつは、②このたび弊社では、弊社の商品を購入いただいている会員のお客様向けに、下記要領で講演会を開催することになりました。
　つきましては、食品健康分野でご活躍の高井戸先生に、ぜひ講師をお願いできればと考えております。
③ご多忙中、大変恐縮ですが、御検討をお願い申し上げます。
　何卒よろしくお願い申し上げます。

敬具

記

④
1．講演日時　平成○年○月○日（○）14時～15時半
2．会場　○○○○センタービル　○○ホール
　　東京都新宿区○○1－2－3
3．講演テーマ　健康寿命をのばす食生活
4．謝礼　○○○○○円

以上

平成○年○月○日

株式会社○○○○
開発部
木村泰三　様

○○○○株式会社
営業部　横井絵里香

①カタログ送付のご案内

拝啓　時下ますますご清栄のこととお慶び申し上げます。
　平素より、格別のご高配を賜り、厚く御礼申し上げます。
　さて、先日電話にてご依頼いただきましたカタログをお送りいたします。
②ご査収の上、御検討くださいますようお願い申し上げます。
　カタログについて、何かご不明なことがございましたら、③お手数ですが営業部の横井（TEL 03-0000-0000）までご連絡ください。何卒よろしくお願いいたします。

敬具

社外文書例 依頼に応える

① カタログ請求に応えた件名にします。

② 検討を願う、ひと言を添えます。

③ この件に関しての担当の名を明記しておくと親切です。

社外文書例

お断り状

❶ 件名は「○○のお断り」とは書かず、「○○の件」とします。

❷ 何を断るのか明確に書きます。誘いや申し出を断る場合などは、「申し訳ございませんが」などのお詫びの気持ちを表すフレーズを入れます。必ずしも、なぜ断るかの理由を書かなくてもOK。理由を述べる場合は、簡単に1～2行くらいにまとめます。

平成○年○月○日

株式会社○○製作所
営業部
新堂裕司　様

○○○○株式会社
営業部　小野麻美

❶ 見本市出展の件

拝啓　時下ますますご清栄のこととお慶び申し上げます。
　平素より、格別のご高配を賜り、厚く御礼申し上げます。
❷ 　さて、先日ご案内いただきました見本市出展の件ですが、社内で検討したところ、今回はご辞退申し上げたく存じます。
　何卒、ご了承くださいますよう、お願い申し上げます。
　取り急ぎ、書面にて失礼いたします。

敬具

平成○年○月○日

○○大学○○研究所
所長
松本敏夫　先生 ❶

○○○○株式会社
営業部　小野麻美

❷

謹啓　紅葉の季節、松本敏夫先生におかれましては、ますますご壮健のこととお慶び申し上げます。
❸ 　このたびは、弊社の30周年記念講演会の講演を快くお引き受けくださり、ありがとうございます。○○研究の第一人者である松本先生のお話を直接拝聴できるということで、社員一同感激しております。
　当日の会場の案内およびプログラムを同封させていただきましたが、ご不明な点がありましたら、お手数ですが企画広報課の池内宛にご連絡くださいますようお願いいたします。
　それでは、当日はどうぞよろしくお願い申し上げます。

謹白

社外文書例

礼状

❶ 先生と呼ばれる人には、「様」ではなく「先生」としてもよいでしょう。

❷ 礼状には件名を入れません。

❸ お願いしたこと、お世話になったことについてのお礼を述べます。

社外文書例

異動のあいさつ状

異動のあいさつは、公的な文書ではありますが、私的な用件でもあります。
フォーマットにのっとって、無難なあいさつにまとめましょう。

①拝啓　陽春の候、ますますご清祥のこととお慶び申し上げます。
②さて、私こと、
このたび神戸本社営業部勤務を命ぜられ、四月一日に着任いたしました。
③東京営業部在任中におきましては、大変お世話になり、ありがとうございました。
厚く御礼申し上げます。
④後任には、△△が参ります。万全の引継ぎをいたしましたので、私同様ご指導お願
い申し上げます。
⑤今後は神戸本社で気持ちを新たに努力する所存です。今後ともかわらぬご指導ご鞭
撻を賜りますよう、お願い申し上げます。
⑥まずは略儀ながら書中をもってご挨拶申し上げます。
敬具

平成二十九年四月十五日

〇〇〇製作所株式会社　神戸本社営業部
笹川　優里

儀礼的な文書は、縦書きにします。はがきに印刷して、送付してもよいでしょう。

① 頭語＋時候のあいさつ＋相手の健康を気づかう言葉

ビジネス文書の基本フォーマット通りのはじまりでＯＫです。

② 異動のお知らせ

自分のことを述べる場合、主語は行末に来るようにします。

③ お礼

今までの厚誼《こうぎ》に対するお礼を述べます。特にお世話になった人に出す場合は、自分の言葉でお礼を述べるとベターです。

④ 後任の紹介

後任の氏名を入れ、万全の引き継ぎをすることを伝えると行き届いています。

⑤ 今後の決意＋厚誼を願う言葉

異動後も前向きに仕事に取り組むことや、今後の厚誼を願う言葉を述べます。

⑥ 略儀のことわり＋結語

「本来は出向いて挨拶をすべきところ、書面で失礼します」の意味のあいさつで締めくくり、最後に結語を入れます。

追伸で感謝の気持ちをプラス

個別のお礼は、追伸で思い出などを1～2行プラスするとよいでしょう。

例1「入社当時、右も左もわからなかった私に、営業のイロハを一から教えてくださったのは〇〇様でした。本当にありがとうございました」

例2「〇〇〇（トラブルや大きなイベントなど）の際には、〇〇様に大変なお力添えをいただきました。ありがとうございました」

社内文書例

研修会の通知

1 総務○○○○号
平成○年○月○日

2
営業部　人事部
部課長　各位

3 総務部　部長

4 管理者研修会のお知らせ

5 本年度の管理者研修会を下記のとおり実施しますので、お知らせいたします。
欠席の場合は、○月○日までに総務部・関根 萌あてにご連絡願います。

6 記

日時　平成○○年○月○日（火）10時～16時
場所　本社第三会議室
内容　新勤怠システム導入について
講師　HIコンサルティング　及川雅治氏

7 以上

8 担当　関根 萌　内線0000

1 発信日

社外向け文書同様、発信日を書きます。なお、会社によっては文書番号を入れるケースもあります。

2 受信者

誰（部署や役職など）にあてたものなのか、はっきりわかるように書きます。

3 発信者

個人名ではなく､所属と役職を書くのが一般的です。

4 件名

何についての通知なのかが、ひと目でわかる内容を1行で表現します。

5 内容

頭語や時候のあいさつなどの前文は書かず、すぐに用件に入ります。詳細については、記書きに入れるのでここには書きません。

6 記書き

必要事項を正確に箇条書きにします。日時や場所を間違えて書くと、業務に支障をきたすこともあるので注意します。

7 記書きの締めの言葉

記書きの後に「以上」と入れます。

8 担当者名と内線番号

担当者がいる場合、「以上」の下に、氏名と内線番号などを書きます。

文書番号

作成した文書が、いつ、どこの部署から、何番目に発信されたかを識別するための番号です。会社によっては、文書番号を使用しないところもありますが、一般に多く見られる表記は、発信部署の略名、発信年度、当該年度または当該月の発信順の番号を並べたものです。たとえば「平29－8－営－65」とあれば、営業部が平成29年8月に65番目に発信した文書ということです。

社内文書例

慰労会のお知らせ

1 平成○年○月○日

企画部　各位

企画部有志

2 市村 誠さん慰労会のお知らせ

3 企画部企画第一グループで、長年私たちを引っ張ってくださっていた市村　誠さんが、平成○年○月○日をもって定年退職されます。
　つきましては、市村さんのこれまでの会社への貢献に感謝をこめて、また市村さんの第二の人生のスタートを祝し、ささやかな会を催したいと思います。皆さま、奮ってご参加ください。

4 参加の可否につきましては、○月○日までに企画部・酒井にご連絡願います。

5 記

日時　平成○○年○月○日（金）18時～
場所　イタリア居酒屋ボーノ○○店
TEL　03-0000-0000
会費　5,000円
その他　花束と記念品は用意します

6 以上

7 担当　酒井菜穂　内線0000

1 日付

歓送迎会は、会社から公式に通知、その文書を保存するといった内容ではないので、文書番号は入れず、発信日のみでOK。

2 件名

ひと目で内容がわかる件名にします。

3 内容

この内容の場合、あまり形式張らない文面でもかまいません。

4 返事の宛先と締め切り

参加の可否の連絡先と締め切りを明記します。メール、内線番号など連絡方法の指定があれば一緒に書いておきましょう。

5 記書き

当日の時間、場所、会費などの詳細は、箇条書きにします。

6 記書きの締めの言葉

記書きの後に「以上」と入れます。

7 担当者名と連絡先

「以上」の後に、担当者氏名と内線番号やメールアドレスを書きます。

応用例

- 新年会
- 忘年会
- 歓迎会
- 送別会
- 社内イベント（お花見、ボーリング大会など）

手紙・はがきの書き方

どうして必要？

目上の人や取引先の人に失礼のない手紙やはがきの書き方を身につけておきましょう。

Goodマナー

時候のあいさつを入れる

ビジネス文書とは違い、手紙やはがきには、必ず時候のあいさつを入れます。

はがきは文字スペースを考慮

はがきの場合は、文章の構成、文字の配分をよく考えてから書きます。書くスペースがなくなって、最後の２～３行が小さな文字になるのは避けましょう。

頭語から始まり結語で終わる

取引先や目上の人に送るものは、季節のあいさつ状（年賀状や暑中見舞いなどのはがき）を除いて、手紙もはがきも頭語から始まり結語で終わるフォーマットは変わりません。

コレはNG

- 手紙やはがきの礼状に頭語、結語がない。
- はがきの文字の配分が悪く、後半は文字が小さくなっている。
- 文章の構成がまとまっていない。

手紙やはがきでの礼状は好印象

仕事でお世話になった人への礼状は、ビジネス文書の形式ではなく、**手紙やはがきで送ると、相手に感謝の気持ちが伝わりやすく、**ていねいな人だと好印象をもたれます。

はがきは略式のものですが、手紙同様、拝啓・敬具の頭語・結語、時候のあいさつをきちんと書いて形を整えましょう。目上の人や取引先の人には、正しい敬語で綴ります。

手書きで送る場合は、文字の配置も大切。特にはがきの場合、限られたスペース内できれいに収まるような構成を考えてからバランスよく書くようにしましょう。

なお、会社宛にいただいたお歳暮などの礼状や、取引先などお世話になった人への**礼状は、３日以内を目安に送るのがマナー**です。

手紙の文例

▼出張でお世話になった人への礼状

頭語

1 拝啓

2 晩秋の候　貴社ますますご隆盛のこととお慶び申し上げます。

さて、先日の出張の際は、大変お世話になりました。

佐伯様をはじめ皆様のご協力のおかげで、大阪での初めてのイベントを無事終えることができました。お忙しい中、イベント未経験の私にいろいろご指導くださり、本当にありがとうございました。

3 またお力をお借りすることになるかと存じますが、今後ともどうぞよろしくお願い申し上げます。

まずは書面をもちまして、御礼申し上げます。

敬具　結語

4 追伸　大阪で皆様と食べたフグの味が忘れられません。今度は、プライベートで大阪のおいしいもの巡りをしたいと思います。

1. 頭語、結語は必ず書きます。
2. 時候のあいさつは、１字分あけるか、頭語の次の行に１字分あけて書きます。
3. 締めくくりとして、今後の指導や支援などを願う言葉を書きます。
4. 追伸として、エピソードを書き加えてもよいでしょう。

はがきの文例

① 拝啓　② 師走の候、貴社ますますご繁栄のこととお慶び申し上げます。平素よりお引き立てを賜り、厚く御礼申し上げます。
　さて、先日はけっこうな御品をお贈りいただき、ありがとうございました。いつもお気遣いをいただきますこと、心より感謝しております。
　今後とも、変わらぬご厚誼を賜りますよう、お願い申し上げます。
　まずは略儀ながら、御礼申し上げます。
③ 本年も残すところ、あとわずかとなりました。よいお年をお迎えください。

敬具

平成○○年十二月十日

④ 株式会社○○○○○

◀会社へのお歳暮の礼状

1. 頭語、結語は必ず書きます。
2. 時候のあいさつ⇒相手の繁栄を願う⇒本論の構成で。
3. 締めくくりの言葉を述べます。
4. 差出人の名前は、オモテ（宛名を書く面）に書いてもかまいません。

残暑お見舞い申し上げます

① 平素は格別のご高配を賜り、厚く御礼申し上げます。
暦の上では秋ですが　厳しい残暑が続いております。
お元気でお過ごしですか。
② そろそろ夏のおつかれが出る時節と存じます。
どうぞご自愛ください。

平成○○年　八月

▶取引先の人への残暑見舞い

1. 季節のあいさつ状では、頭語・結語は、いりません。
2. 体をいたわる言葉を添えます。

★残暑見舞いは、立秋（8月7日頃）を過ぎてから、8月末までに出します。

Point!

自愛には、体を大切にするという意味合いがあるため「お体をご自愛ください」は重複した言い方になるので間違いです。

上司や取引先の人への年賀状

▼上司へ

① 明けまして
おめでとうございます

② 旧年中は大変お世話になり、
ありがとうございました
まだまだ未熟ですが、
先輩方を見習いながら
少しずつ成長していきたいと
思っております
本年もよろしくご指導ご鞭撻ください
ますようお願い申し上げます

③ 平成〇年　元旦

▼取引先の人へ

① 謹賀新年

② 旧年中は大変お世話になりました
本年もどうぞよろしく
お願い申し上げます

③ 平成〇年　元旦

④ 〒〇〇〇-〇〇〇〇
東京都練馬区〇〇〇
石塚　奈々子

⑤ （株式会社〇〇営業部）

⑥ 昨年は、新プロジェクトでひとかたならぬお世話に
なりました。ありがとうございました。
本年もご指導のほど、よろしくお願い申し上げます。

① 新年のあいさつ。迎春、賀正の賀詞は使いません（左記参照）。

② 昨年のお礼と、今年の厚《こう》誼《ぎ》を願う言葉を入れます。

③ 元旦に届けられない場合は入れません。

④ 住所は郵便番号も含めてきちんと書きます。

⑤ ビジネスでのおつき合いなので、必ず社名を入れます（オモテ面に入れてもOK）。

⑥ ひと言メッセージは、具体的な内容を書くほうが印象に残ります。

年賀状のマナー

目上の人に「迎春」「賀正」はNG

「迎春」は新年を迎えました、「賀正」は正月をお祝いしますという意味で、ていねいな言葉ではありません。目上の人には、「謹賀新年」（謹んで新しい年をお祝いします）と敬意を表す語が入った賀詞にします。

重複した言い方に注意

「新年明けましておめでとうございます」は、「新年」と「明けまして」が重複しています。

1月5日を過ぎたら寒中見舞いに

目上の人や取引先の人からは届いたら、必ず返礼を。ただし、松の内（1月1日〜7日）があけたら「寒中見舞い」。1月5日を過ぎた場合は、「寒中見舞い」として送ります。

書き損じたら新しいものに

宛先やひと言メッセージを書き損じたときは、斜線や修正液などで直したりせず、新しいはがきに書き直します。

封書・はがきの宛名の書き方

どうして必要？

手書きで宛名を書くときに困らないよう文字の配置やバランス、最低限のルールを知っておきましょう。

和封筒

オモテ

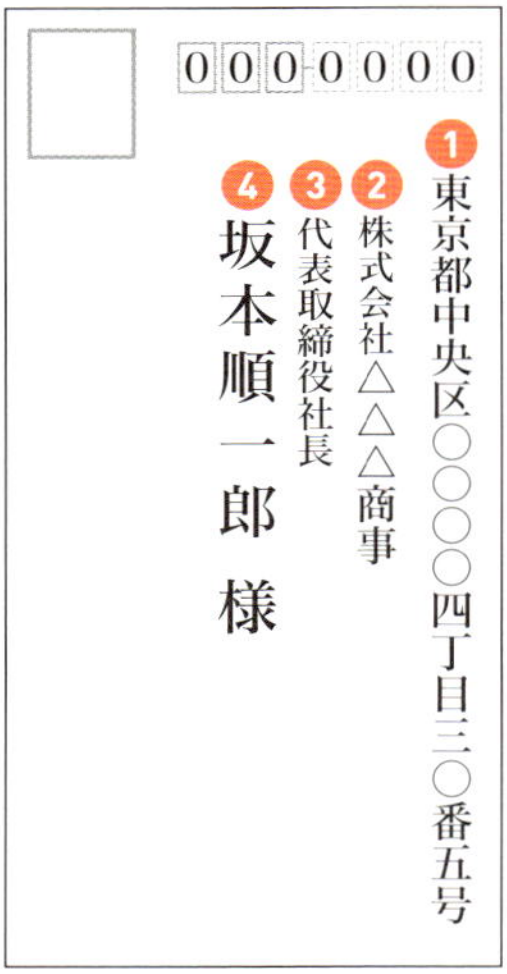

000-0000
1 東京都中央区○○○○四丁目三○番五号
2 株式会社△△△商事
3 代表取締役社長
4 坂本順一郎 様

1. 住所は、郵便番号欄から1〜2字分スペースをあけて書き始めます。2行目以降は1行目より1字下げ、全体で1〜3行に収めます。番地は漢数字で。
2. 会社名に（株）などの略は使いません。
3. 役職名は、名前の右上に小さめに。
4. 名前は、住所の1行目より1字分下げます。封筒のほぼ中央に、大きめの字で書きます。

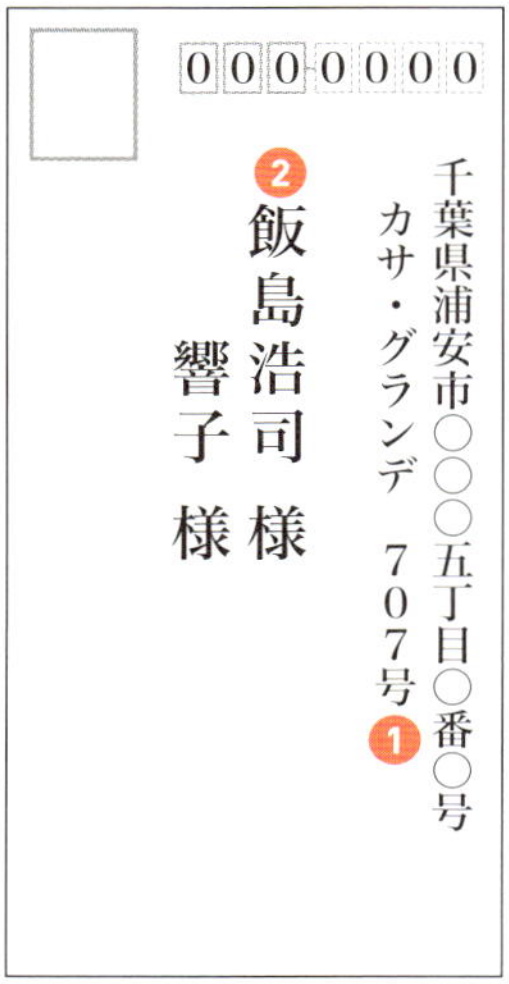

000-0000
千葉県浦安市○○○五丁目○番○号
カサ・グランデ　707号
1
2
飯島浩司 様
響子 様

◀連名の場合

1. マンションの番号は算用数字にします。
2. 自宅に出す場合、役職は書きません。連名の場合は、名前の位置をそろえます。

ウラ

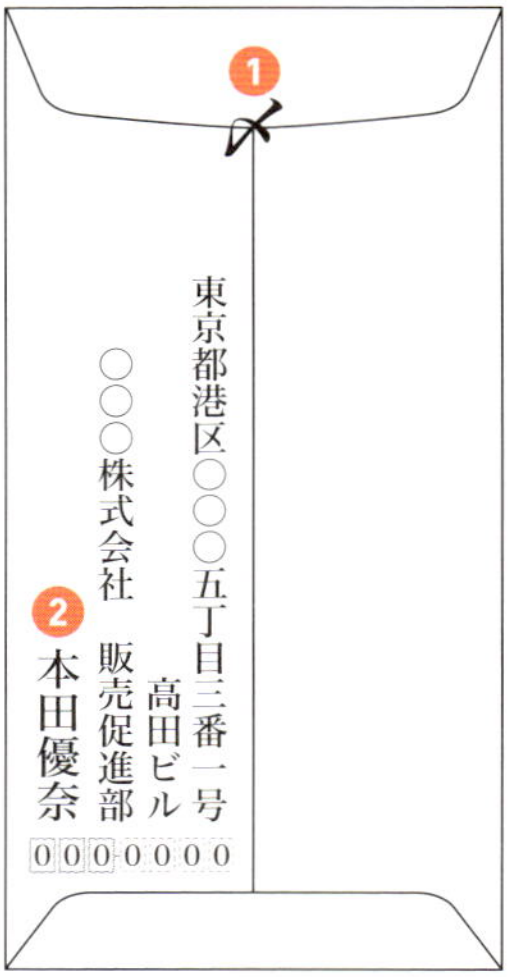

1
〆
東京都港区○○○五丁目三番一号
高田ビル
○○○株式会社
販売促進部
2
本田優奈
000-0000

1. 必ずのりで封印します。「〆」と書きます。
2. 差出人名は、中央より左側に書きます。氏名を入れる場合は、改行して書きます。

★本来は封筒の中央に書くのが正式ですが、郵便番号欄がある場合は、上記のようにします。

コレはNG

- 氏名の文字の大きさがいちばん小さい。
- 番地の途中で改行する。
- 株式会社を（株）と省略する。
- 封をするとき、セロハンテープやホチキスでとめる（封をする際は、のりづけがマナー）。

洋封筒

オモテ

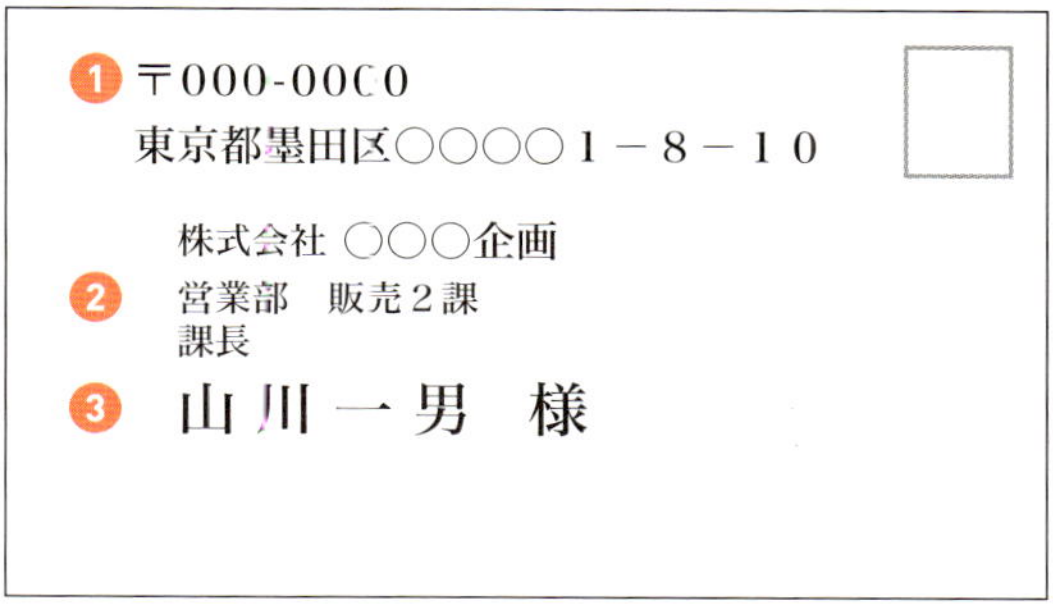

1 〒000-0000
東京都墨田区○○○○1－8－10
株式会社 ○○○企画
2 営業部 販売2課
課長
3 山川一男 様

1 横書きの場合は、算用数字を使います。横書きの住所は、2行目以降の書き出しは1行目とそろえてOK。

2 役職名は小さめの文字で、名前の左または上に入れます。

3 名前は、住所の1行目より1字分下げます。ほぼ中央に大きめの字で書きます。

相手の敬称はこうつける

- 会社名、団体名、部署名のみの場合は「御中」。
- ○○社長様はNG。「代表取締役社長」の後は改行して「○○○○様」とします。

○
△△△株式会社
営業課
近藤 栄太 様

×
△△△株式会社
営業課御中
近藤 栄太 様

ウラ

〒000-0000
東京都○○区△△ 1-1-1 宝山ビル5階
株式会社○○○○ 営業部
宇都宮未来

左右中央下に、郵便番号、住所、会社名、部署、氏名を書きます。

★封はのりで閉じます。

オモテ

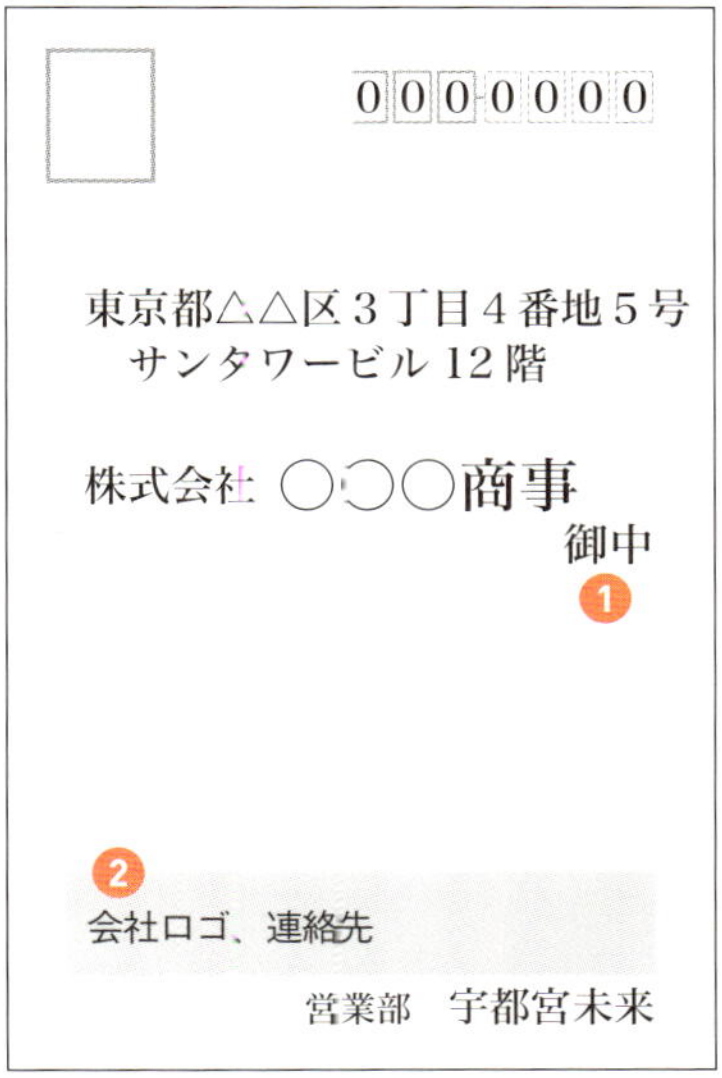

0000000
東京都△△区3丁目4番地5号
サンタワービル12階
株式会社 ○○○商事
御中
1
2
会社ロゴ、連絡先
営業部 宇都宮未来

◀A4が入る洋封筒の場合

会社では、A4資料やパンフレットなどを折らずに送付できる封筒が多く使われます。

送付先が多い場合は、ラベルシールを貼りますが、少ない場合は手書きで送ります。

1 担当者がわからない場合は、「御中」とします。
送る相手が明確なときは、部署や役職名を書きます。

例）
株式会社 ○○○○○
営業部 販売第2課
佐々木 達郎 様

2 オモテに会社のロゴ、社名、住所、電話番号が印刷されている場合は、差出人の部署名と名前をその下に書きます。または、和封筒のウラ同様に、住所、会社名、部署名、名前を入れます。

はがき

▼縦書き

0000000

① 東京都中央区〇〇〇一丁目一番地八号

② 株式会社〇〇〇商事

③ 営業二課

④ 松山太郎 様

⑤ 東京都豊島区〇〇三丁目五番五号
△△商事株式会社 営業部
佐々木桃子

0000000

1. 住所は郵便番号の枠から１字分スペースをあけます。ビル名を含め１～３行に収めます。２行目以降は、１行目より１字下げます。番号は漢数字。スペースがないなら、三ー二ー三〇のようにハイフンを使っても。
2. 会社名は、住所の１行目より１字下げた位置から書き出します。（株）などと略さず書きます。
3. 部署や役職名は名前の右上か上に小さめの文字で書きます。
4. 名前は、住所の１行目より１字下げます。住所よりも大きめに書きます。
5. 差出人は、郵便番号の枠の幅に収まるように書きます。宛先住所や名前よりも小さく書きます。名前は住所より、やや大きめに。

▼横書き

0000000

① 東京都中央区〇〇〇１丁目
１番地８号

② 株式会社〇〇〇商事
営業二課

③ 松山太郎 様

④ 東京都豊島区〇〇三丁目
五番五号
△△商事株式会社 営業部
佐々木 桃子

0000000

1. 住所が２行になるときは、２行目は１字下げます。横書きなので、数字は算用数字でOK。
2. 社名は住所の１行目より１字下げて書き出します。
3. 名前は、住所の１行目より１字下げます。住所よりも大きめの文字で書きます。
4. 差出人は、宛先住所や名前よりも小さく書きます。名前は住所より、やや大きめに。

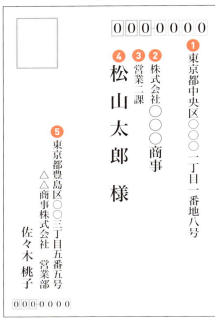

出欠はがきを出すとき

オモテ

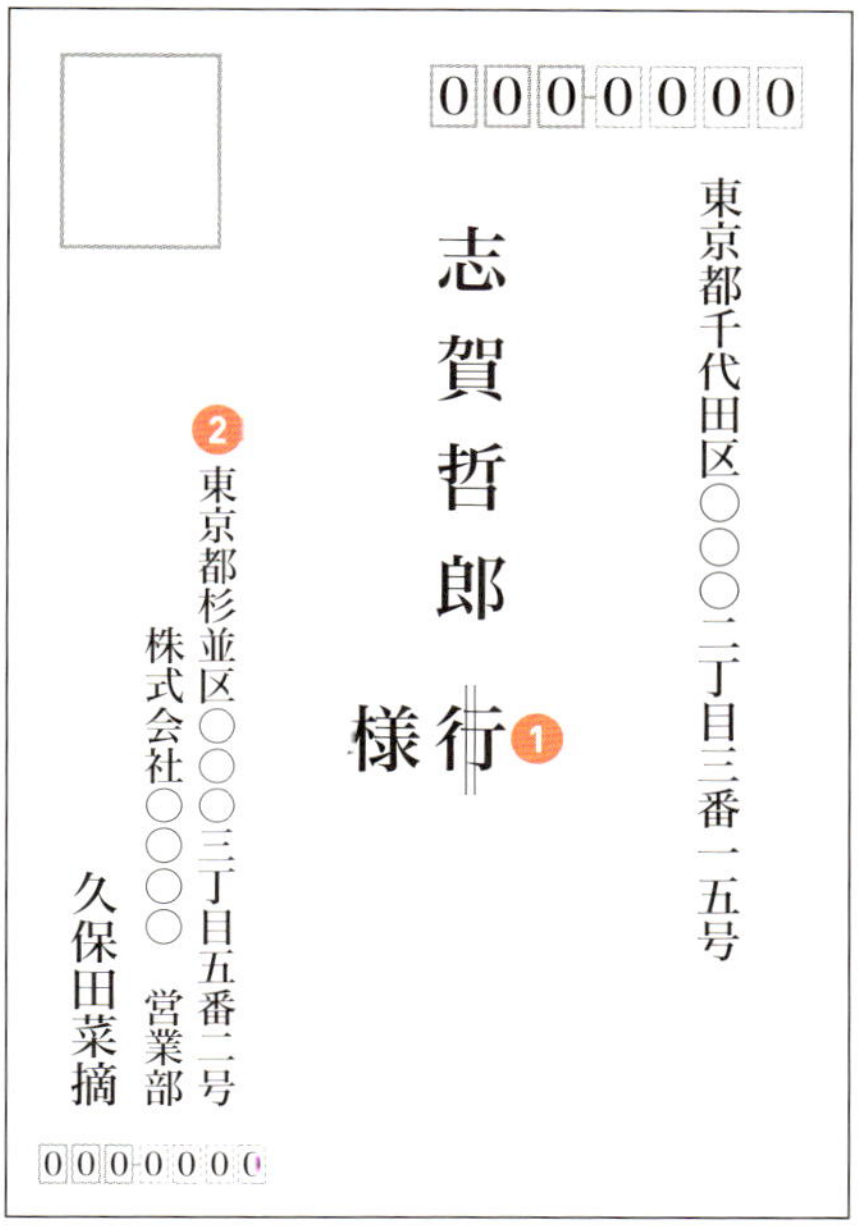
000-0000
東京都千代田区〇〇〇二丁目三番一五号
志賀哲郎
行 ①
様
② 東京都杉並区〇〇〇三丁目五番二号
株式会社〇〇〇〇 営業部
久保田菜摘
000-0000

1. 「行」を二重線で消して、横に「様」と書きます。
2. 住所と名前、会社宛に届いた場合は社名や部署名も書きます。

ウラ

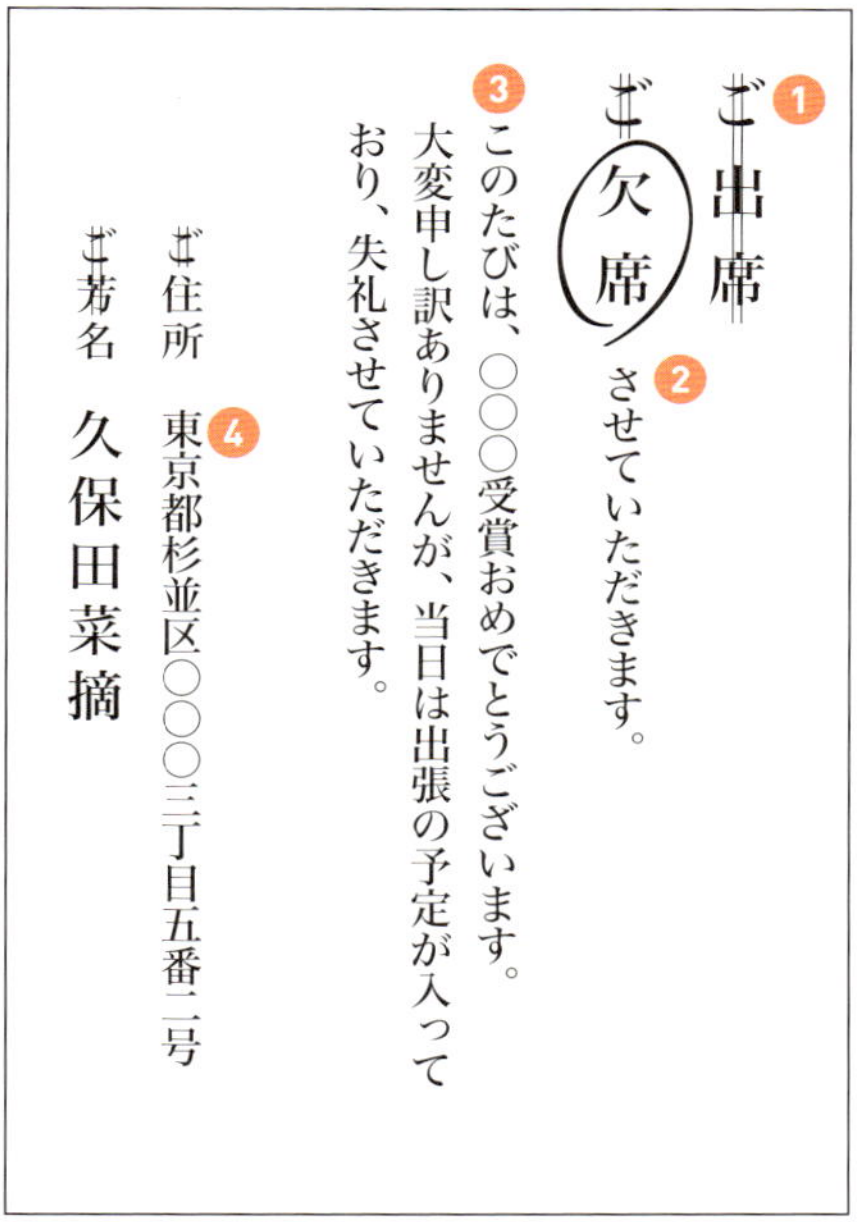
① ご出席
ご欠席 ② させていただきます。
③ このたびは、〇〇〇受賞おめでとうございます。
大変申し訳ありませんが、当日は出張の予定が入って
おり、失礼させていただきます。
ご住所 ④ 東京都杉並区〇〇〇三丁目五番二号
ご芳名 久保田菜摘

1. 出欠のどちらかに〇をつけ、「ご」「御」「芳」などは、二重線を入れます。
2. 「～させていただきます」「～いたします」を書き添えます。
3. お祝いごとなら、お祝いのメッセージを。欠席の場合は、簡単な理由を書きます。
4. 住所はきちんと書きます。

結婚披露宴の案内はがきの場合

出席する場合は、「ご結婚おめでとうございます。喜んで出席させていただきます」など、ひと言を入れます。

欠席する場合は、「ご結婚おめでとうございます。残念ですが、やむを得ない事情で欠席させていただきます」と書きます。欠席理由は詳しく書きません。

Point!

ボールペンや鉛筆で書くのはNG。毛筆か筆ペン、万年筆（黒インク）、サインペン（黒）で書きましょう。

column

時候のあいさつ

ビジネス文書の前文に季節を感じさせるあいさつを

社外文書の前文には、オールシーズン使える「時下ますますご健勝のこととお慶び申し上げます」という定型文もありますが、時候のあいさつを入れると、季節感が伝わり、よりていねいな印象になります。

たとえば、9月なら「初秋の候、貴社ますます～」「新秋の折、皆さまにおかれましては～」となります。ただし、啓蟄《けいちつ》、処暑、立冬など暦に関する言葉は、それが何月何日頃かを確認して使いましょう。

時候のあいさつが不要な文書もあるので注意

ビジネス文書には、「案内状」「礼状」「依頼状」「詫び状」「報告書」などがありますが、どれも時候のあいさつを入れればよいというわけではありません。

「詫び状」は、まずお詫びの言葉を伝えることが大切。まわりくどい印象を与えないために、時候のあいさつは省きます。また、見積書や請求書などの「報告書」についても、確認文書であることから、時候のあいさつは入れる必要はありません。

時候のあいさつ

1月	新春の候／初春の候／厳寒の候／極寒のみぎり／例年になく暖かい日が続いておりますが／寒さ厳しき折
2月	立春の候／春雪の候／余寒の候／立春とは名ばかりの寒さですが／本格的な春の訪れが待ち遠しい今日この頃
3月	早春の候／啓蟄《けいちつ》のみぎり／春分の候／春まだ浅い今日この頃／ひと雨ごとに春めいてまいりました／春まだ浅い季節
4月	陽春の候／春爛漫の候／春暖のみぎり／桜花の季節となりました／花冷えのする今日この頃／春たけなわ
5月	新緑の候／晩春の候／薫風のみぎり／立夏の候／風薫る五月／新緑の鮮やかな季節となりました／若葉が目にしみる季節
6月	梅雨の候／初夏の候／長雨の折／梅雨に入りうっとうしい季節となりました／梅雨らしからぬ晴天が続いております
7月	梅雨明けも間近／盛夏の候／猛暑の候／大暑のみぎり／暑さ厳しき折から／連日厳しい暑さが続いておりますが
8月	残暑の候／残暑厳しき折／晩夏の候／処暑の候／新涼のみぎり／立秋とは名ばかりの酷暑が続きますが
9月	初秋の候／新秋の候／九月とはいえまだまだ暑い日が続きますが／ひと雨ごとに秋めいてまいりました
10月	仲秋の候／秋冷えのみぎり／錦秋の候／灯下親しむの候／天高く馬肥ゆる秋と申します／日増しに秋も深まり
11月	晩秋の候／暮秋の候／霜寒の候／向寒のみぎり／うららかな小春日和が続いております／立冬とはいえ暖かな日が続いております
12月	初冬の候／師走の候／年の瀬も押し迫り／本年も残すところわずかとなり／あわただしい年の瀬を迎え

Part 6

失礼のない！

来客応対&訪問のマナー

お客様への応対は、ていねいに。
訪問時は会社の代表として
節度をもってのぞみましょう。

来客応対のマナー

どうして必要？

お客様にとって、訪問先で応対してくれた人の印象が、会社のイメージにつながるからです。

Goodマナー

笑顔で出迎える

来客に気づいたら、明るい笑顔で歓迎の気持ちを表しましょう。

スムーズに取り次ぐ

会社名や名前、アポイントの有無を確認します。アポイントがなければ用件を聞き、担当者に取り次ぎます。

コレはNG

- 来客に気がついているのに無視。
- 不愛想な対応。
- 大声で担当者を呼ぶ。
- 長時間お待たせする。

笑顔で出迎え ていねいな応対を

どんなお客様に対しても、ていねいで感じのよい応対を心がけましょう。お客様にとって、訪問先の人の印象が、そのまま会社のイメージになります。

長時間お待たせしたり、取り次ぎに時間がかかったりすると、会社のイメージを損ねてしまいます。誰かが応対してくれるはずと、気づいても知らんぷりをしたり、無愛想に応対したりするのはもってのほかです。来客に気がついたら率先して立ち上がり、明るくさわやかに応対することが大切です。

来客には**「いらっしゃいませ」と出迎え、社名、名前、面会希望者、アポイントの有無を確認します。**社名と名前は復唱してから、担当者に取り次ぎ、指示に従ってお客様をご案内しましょう。

お客様をお迎えするときのマナー

アポイントが ある 場合

1 あいさつをし、担当に連絡

お客様に**「少々お待ちください」**と伝え、担当者に連絡をとります。

○○様でいらっしゃい
ますね。お待ちして
おりました。

2 お客様を案内する

担当者の指示に従って、応接室などに案内します。担当者が直接迎えに来る場合は、**「○○が参りますのでお待ちください」**と伝えて待っていただきます。

こんなときは？

飛び込みセールスの人への応対

どんなお客様にも笑顔が基本です。突然のセールスの人でも、まずは社名、名前、用件を確認した後、名刺を預かり、上司や担当者に相談して指示を仰ぎます。セールスを断る場合は、「大変申し訳ありませんが、このような用件はお断りするように申しつかっております」と、ていねいに応対します。

アポイントが ない 場合

1 社名、名前、面会希望者、目的を確認

面会希望者がいない、初めて来社のお客様の場合、名刺も預かる。

失礼ですが、
ご用件をお伺い
できますか。
恐縮ですが、
お名刺をお預かり
できます
でしょうか。

2 担当者に連絡する

担当者には、約束していないお客様が来社した旨を伝え、指示を仰ぎます。

担当者が不在の場合

1 不在理由と戻り時間を伝える

申し訳ありませんが、
○○（担当者名）は
ただ今外出しております。
戻りは○時頃を予定しています。

2 来客の意向を確認

かしこまりました。
○○（担当者名）に、○○様が
お見えになったことと、
○○○○（用件など）を申し伝えます。

★念のため名刺をいただきましょう。

来客案内のマナー

どうして必要？

応接室へご案内する動作一つにも、お客様への心配りやホスピタリティーの質が表れます。

Goodマナー

お客様に歩調を合わせて先導する

お客様にお尻を向けないよう、お客様に歩調を合わせながら、斜め前方を歩いて誘導します。

行先を指し示す手の指はそろえて

指先をそろえたほうが美しく、相手にも好印象を与えます。

案内する場所を伝えて足元にも気配りを

案内場所を伝え、案内します。「こちらは段差がありますので、お気をつけください」と、気配りのひと言を添えます。

エレベーターで5階の応接室までまいります。

コレはNG

- お客様を確認せずに、スタスタと早足で歩く。
- 部屋の状況を確認せずに案内。
- 無愛想に案内する。
- お客様だけで応接室に行かせる。

お客様の立場に立ってスマートにご案内

お客様のご案内は、お通しする部屋の確認が取れたら「○○室にご案内致します」と、案内場所を告げ、先導します。その際、**お客様のやや斜め前を歩くようにし、お客様の様子を振り返りながら、歩調を合わせます。**振り返りもせず、自分のペースで足早に案内するのは失礼にあたります。

少し離れた場所へとご案内する場合、曲がり角では「こちらでございます」と、手のひらで方向を指し示し、階段では「足元にお気をつけください」など、お客様への配慮の言葉を添えます。目的の部屋に到着したら、ノックをしてから入室します。

お客様を上座（165ページ参照）に**ご案内した後、「少々お待ちくださいませ」と言い、ドアの前で一礼してから退室をします。**

場所別 お客様のご案内のしかた

★席次については165ページ参照

エレベーターでは

乗り降りはお客様が先です。ただし、先に人が乗っていないときは「お先に失礼します」と自分が先に乗り、「開」ボタンを押します。降りるときは、お客様に先に降りてもらい、「右手にお進みください」などと進行方向を指し示します。

階段では

「○階でございます」と行き先を告げ、お客様を先導します。ただし、お客様より高い位置にならないよう、階段を上がるときはお客様に先に歩いていただいても。下るときは自分が先になるようにします。

部屋にご案内（内開きドア）

まずノックを2回（3回でもOK）します。入室できそうなら「お先に失礼します」とお客様にあいさつしてから先に入室。ドアを押さえながら、ドアの後ろに立ち「どうぞお入りください」とお客様をご案内します。

部屋にご案内（外開きドア）

入室前は必ずノックを2回（3回でもOK）します。入室できそうなら、ドアを開けて押さえながら「こちらでございます」とお客様に先に入ってもらいます。上座を示し「こちらにおかけください」と着席をすすめましょう。

こんなときは？

コートを預かるとき

お客様を目的の部屋に通した後、「コートをお預かりします」と言ってコートを預かり、ハンガーにかけます。

他のお客様とすれ違ったとき

基本的に、お客様に会ったときは、軽く会釈をします。お客様を案内中、上司とすれ違ったときも軽く会釈を。

ご案内がすんだら

お客様が着席したら「○○は間もなく参ります。少々お待ちください」とあいさつし、ドアの前で一礼して退出します。部屋の外に出て、ドアを閉める前に再度一礼すれば、よりていねいな印象に。

席次の基本

どうして必要？

席次には、目上の人や、地位や役職に対する敬意の意味があります。

Goodマナー

お客様を「上座」にご案内する

入口から最も遠い席が「上座」で、お客様は上座にご案内します。

お客様の次に社内の席次

お客様を案内したら、社員も席次に従い、上司から順に座ります。

長イスがお客様用

応接セットのイスでは、長イス（ソファー）に来客を案内し、肘掛けイスはもてなすほう（社員）が座ります。

コレはNG

- お客様を下座に案内する。
- 座っていただく場所がわからない。

お客様は上座に席次のルールを覚えよう

応接室や会議室、乗り物には、**座る席に順番（序列）**が決められています。これを**席次**といいます。年齢、立場、役職などに対する敬意やおもてなしの意味があるため、知らないと非常識ととらえられます。ビジネスに席次はとても重要です。来客応対時はもちろん、社内の会議や宴会などでもあわてないように、席次のルールをきちんと覚えましょう。

席次の基本は、「上座から下座へ案内する」ということです。**「上座」とは、身分の高い人が座る場所**を意味し、原則として入口から最も遠い席になります。お客様、自社の上司、先輩の順に上座へ案内すれば間違いないでしょう。**「下座」は、雑用をこなす場所。**出入り口に近い席で、**新人は下座が定位置**となります。

場所・乗り物の席次

応接コーナー

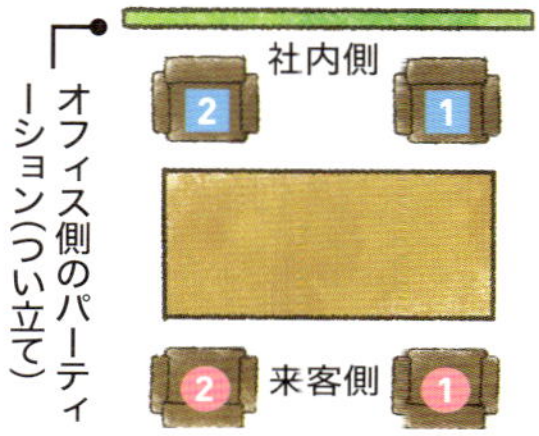

オフィス内の応接スペースの場合、事務机から遠い席が上座になります。

応接室

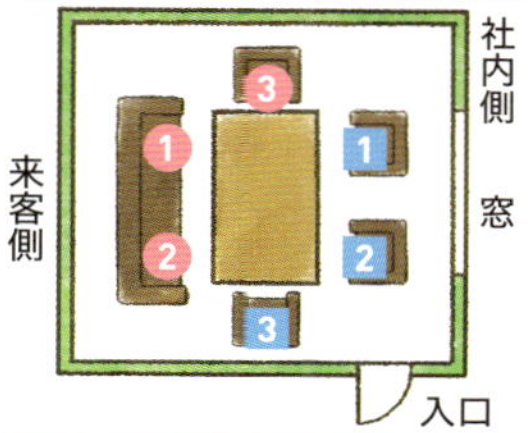

基本、窓が見える席が「来客用」です。入口に近い 3 は下座になります。

会議室

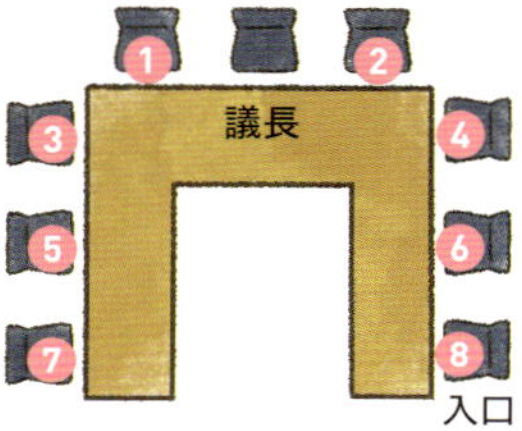

出入り口から最も遠い席が上座。近いところが下座です。

タクシー

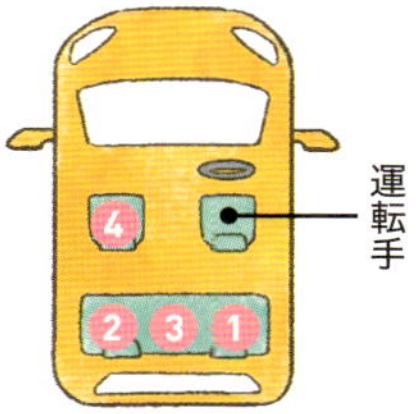

タクシーや運転手付きの車では、運転者の後ろが上座、助手席が下座です。

乗用車

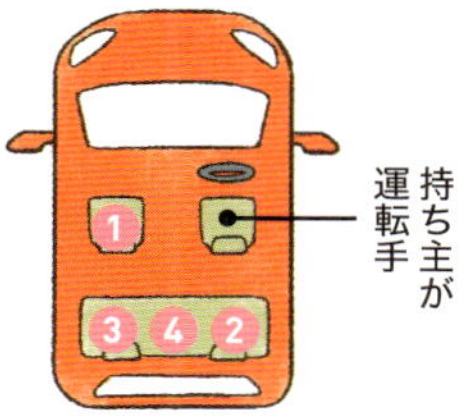

上司やお客様が運転する車では、助手席が上座となります。

新幹線

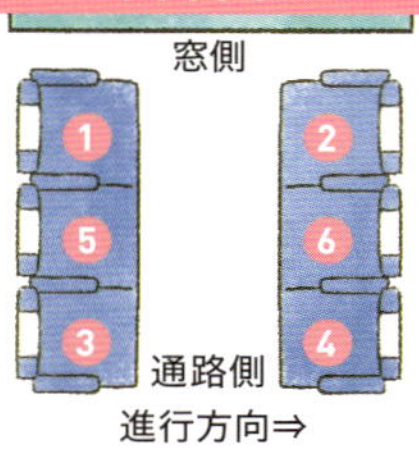

進行方向を向いた窓側が上座、逆向きの通路側が下座です。

Happy Step

相手に配慮した席に

席次は上座から下座へ案内するのが基本ですが、新幹線などの乗り物の場合、出入りしやすいという理由から、下座の席を希望する人もいます。目上の人やお客様のチケットを用意する場合、「新幹線は窓際の席をご用意したいと思っておりますが、通路側などご希望があればおっしゃってください」と、好みの席を聞く配慮も大切です。

エレベーター

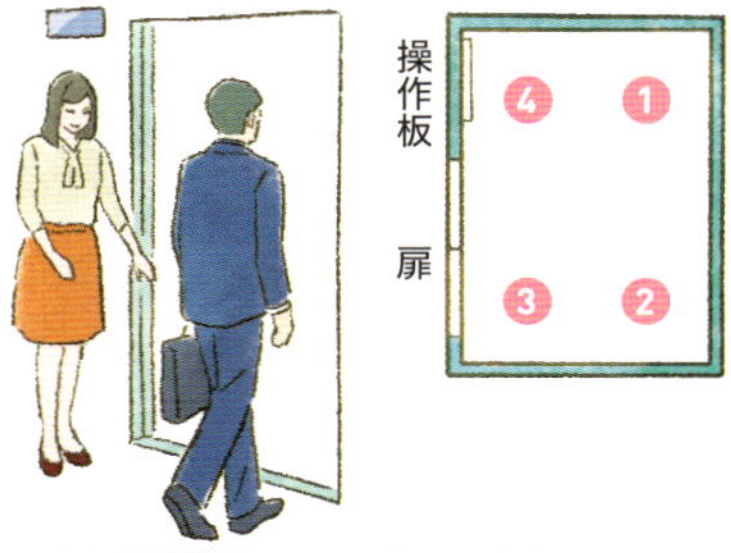

奥の中央が上座。操作板の前が下座です。扉を押さえて「どうぞ」とお客様に奥に促し、自分は操作板の前（下座）に立ちます。

お茶の出し方

どうして必要？

お茶を出すことは「おもてなし」の基本で、歓迎の気持ちが込められています。

Goodマナー

清潔な茶碗（グラス）で

お茶を入れる前に、茶碗やグラスの汚れやひび割れなどがないか、確認してからお茶やコーヒーなどをいれます。

日本茶を出すときは茶たくに

日本茶は茶たくに、コーヒーや紅茶はソーサー（皿）にのせて出すようにします。茶碗の絵柄をお客様の正面に向ける配慮も忘れずに。

タイミングを見計い、席次の順にお茶を出す

お茶を出すタイミングは、あいさつや名刺交換がすみ、一同が着席した頃。席次の順番でお茶を配ります。お客様をお待たせする場合は、お客様の分だけ先に出しましょう。

コレはNG

- 席次を無視してお茶を配る。
- 「ドンッ」と、音を立てて茶碗やグラスを置く。
- 茶たくをテーブルに置いてから茶碗を置く。
- 資料の上やそばにお茶を出す。
- なみなみとお茶やコーヒーなどをいれる。

おいしいお茶はおもてなしの心を表す

お客様へのお茶出しは、新人の場合、お客様の顔を覚える、自分の顔を覚えてもらうチャンスなので、頼まれなくても率先して行いましょう。

お客様に出すお茶は煎茶。ほうじ茶は日常茶で、おもてなしのお茶ではありません。それを出すのは失礼になります。夏は冷たい麦茶でかまいませんが、そのときはコースターをテーブルに置いてから、その上にグラスを置きます。

お茶を出すときは、**必ずお客様側を先に、席次**（１６５ページ参照）**どおり出します**。テーブルの上が資料でいっぱいのときは「こちらでよろしいでしょうか」と確認しましょう。

万一、お茶をこぼしてしまったら、すぐにお詫びし、すみやかにふきんなどで拭きとりましょう。

お茶を出すときの手順

1 入室

- 茶碗と茶たくをお盆にのせます。
- お茶に息や髪がかからないよう、胸の高さで運びます。
- ドアをノックし、「失礼いたします」と会釈をしてから部屋に入ります。

2 お茶の準備

- サイドテーブルにお盆を置き、茶たくの上に湯のみを置いてセットします。
- サイドテーブルがない場合は、お盆の上でセットします。

3 お茶を出す

- 上座のお客様から順番に、「失礼します」と言い添えながら、お茶を出します。
- 茶たくを両手でもって、お客様の右側から出すようにします。

4 退室

- お盆は表を外側にして脇にもつようにし、静かに一礼をしてから退出します。
- お客様がお帰りになったら、お茶を出した人が片付けをします。

Happy Step

おいしいお茶の入れ方

お茶はいれ方次第で味が変わります。旨みと渋みを引き出すおいしいお茶のいれ方をマスターしましょう。

1 湯で茶碗を温める

沸騰した湯を茶碗の8分目まで注いで、器を温める。

2 急須に茶葉と湯を入れて蒸らす

急須に茶葉を入れる。茶葉は1人あたりティースプーン1杯が目安。1の茶碗の湯が適温になったら、茶碗の湯を急須に全部注ぎ、ふたをして1分間蒸らす。

3 濃さが均一になるように注ぐ

一度に茶碗に注がず、少量ずつ注ぐ。数人分いれるときは、濃さが均一になるように、少しずつ注ぎ分ける。

コーヒー・紅茶の出し方

- カップの8分目ぐらいまでに、コーヒーや紅茶をいれる。
- ソーサー（皿）に、カップをのせる。

※カップの持ち手は、右でも左でもかまいません。

- 手前に柄を右にしたスプーンをのせる。
- 1人分のミルクと砂糖がある場合、ソーサーの左奥に一緒にのせる。
- ソーサーを両手でもって出す。

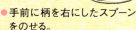

名刺交換のマナー

どうして必要？

名刺交換は「はじめまして。よろしくお願いいたします」という仕事上でのあいさつなので第一印象が重要。

Goodマナー

相手が読める向きにして両手で渡す

名刺を差し出すときは、名刺入れの上に名刺をのせ、相手が名前を読める向きにして渡します。その際、両手を添えて渡します。

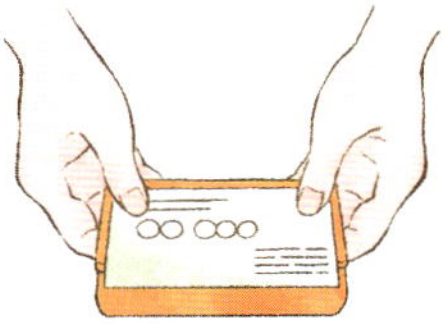

○○ ○○○

社名と名前を言う

訪問したときは会社名と名前（フルネーム）を、訪問を受けたときは部署名と名前をはっきり言います。

わたくし、○○会社の小林あやと申します。どうぞよろしくお願いいたします。

コレはNG

- 机ごしに名刺を渡す。
- 名刺が汚れている。
- いただいた名刺にその場でメモを書き込む。
- 座ったまま受け取る。
- 名刺の向きを逆にして渡す。

スマートな名刺交換で好印象をもってもらう

ビジネスは、名刺交換から始まります。第一印象は、その後の仕事にも関わってくるので、基本をおさえてスマートな名刺交換を心がけることが大切です。

名刺は、訪問者側から差し出すのが基本。取引先などに訪問した場合は、自分から名刺を渡します。ただし、上司が同行している場合は、上司の後に差し出します。

名刺交換する際は、必ず**立ち上がり、目上の人から順に、両手を添えて名刺を差し出します**。このとき、名前をはっきり名乗ることも忘れずに。来客との名刺交換は、相手から先に名刺をいただきます。ただし、本来は目下から先に差し出すのがマナーなので、そのときは受け取った後に「申し遅れましたが」とひと言添えてから名乗るとよいでしょう。

名刺交換の手順

名刺の渡し方

相手の正面に立ち 相手が読める向きで渡す

名刺は相手が読める向きにし、胸の高さの位置で、両手を添えて差し出します。このとき、社名と名前を名乗ります。

◆複数で交換するとき

目上の人から先に渡す

相手が複数の場合は、役職が上の人から順に名刺を渡します。何人いても、渡すたびに名乗り、おじぎをします。

◆同時に交換するとき

片手で交換する

右手で名刺を差し出しながら、同時に相手の名刺を左手の名刺入れの上で受け取るようします。右手が空いたら、すぐに両手で名刺をもち直しましょう。

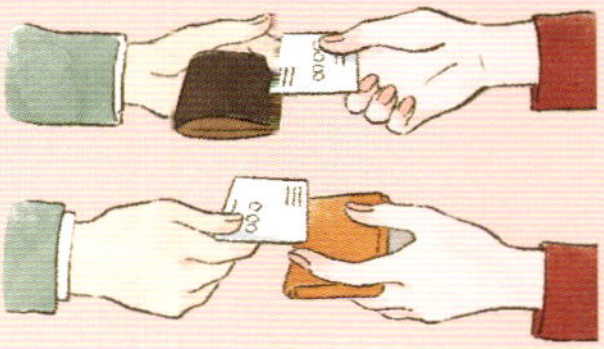

名刺の置き方

1枚なら名刺入れの上に

いただいた名刺はすぐにしまわず、名刺入れの上に置きましょう。名刺の名前が聞きとりにくかった、読めなかったときは、「○○様とお読みしてよろしいでしょうか」とたずねます。ただし、その場で読み方を名刺にメモするのはNG。

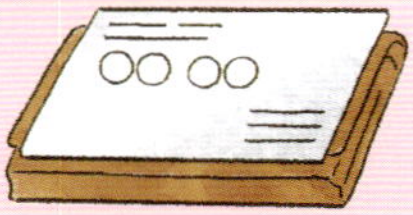

複数枚はテーブルの上に

名刺入れを手前の右側に置き、名刺入れの前にいただいた名刺を相手の座席順に並べます。並べるスペースがないときや、立ち話のときはしまってもOK。

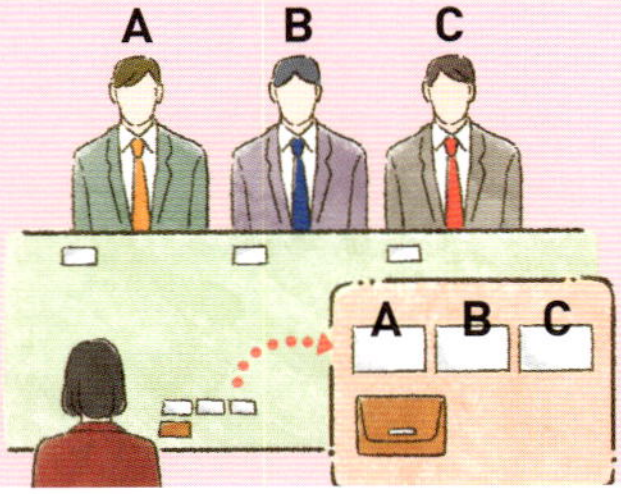

こんなときは？

名刺が足りない＆忘れたとき

「申し訳ございません、名刺を切らしておりまして」とお詫びをし、社名と名前を名乗ります。相手の名刺を受け取り、その日のうちに署名入りのお礼のメールを送るか、名刺を郵送します。

誰が目上かわからないとき

誰が目上の人か、わからない場合は上座の人から順に渡します。

他社を訪問するときのマナー

どうして必要？

マナーを知らないと非常識だとレッテルを貼られ、仕事に支障が生じます。

Goodマナー

約束の時間５分前には到着

必ず事前にアポイントをとり、約束の時間の５分前には到着するようにします。身だしなみを整え、時間まで待ちます。

防寒具は脱いでから建物に入る

訪問先に入る前に、コートや帽子、マフラー、手袋などは脱ぐのがマナー。携帯はマナーモードに設定するか、電源を切ります。

自分から名乗る

訪問先の受付では、自ら名乗り、面会人の部署と氏名、約束の有無を伝えます。受付がない場合は呼び出し電話を使います。

〇〇会社の近藤と申します。
営業１課の山川様と 14 時に
お約束をしているのですが、
お取り次ぎ
いただけますか？
受付

コレはNG

- アポイントをとらずに訪問。
- 遅刻や早過ぎる訪問。
- コートを着たまま会社に入る。
- すすめられる前にお茶を飲む。
- 忘れ物をする。

他社訪問はアポイントをとってから

仕事によっては、相手先の会社に出向いて打ち合わせを行ったりすることがあります。

その際には、必ずアポイント（事前予約）をとりましょう。一方的に訪問するのは、相手の迷惑になります。

アポイントは、事前に電話やメールなどで連絡するのが一般的です。訪問のＯＫが出たら、相手にいくつか都合のよい日時を教えていただき、その中から自分の都合のよい日時を選んで「それでは、○日の○時にお伺いしてよろしいでしょうか」と確認をとります。

また、冬ならコートなどの防寒着は会社建物に入る前に脱ぐのがマナー。これは、外のほこりを持ち込まないという気づかいです。相手に失礼のないマナーを身につけて訪問しましょう。

電話（メール）でのアポイントのとり方

1 面談を申し込む

昼休み、相手が忙しそうな時間帯は避けて電話またはメールをし、面談を申し入れます。自社名、氏名、訪問の目的、所要時間を明確に伝えましょう。

「先日お話ししました〇〇の件でお伺いしたいのですが、30分ほどお時間をとっていただけないでしょうか」

2 訪問日時を決める

相手の都合が最優先なので、まず都合のよい日をいくつかあげていただきます。または自分からいくつか日時を提案すると、相手が選択しやすくなり、話がスムーズに運びます。

「〇〇様のご都合のよい日をいくつか教えていただけると幸いです」

「お日にちですが、〇日と〇日なら何時でもお伺いできます。〇〇様のご都合はいかがでしょうか」

3 日時や同行者などの確認

伺う日時を復唱し、同行者がいる場合は、同行者の役職や人数を伝えます。確認のため、伺う日時をメールしておくと、ミスを防ぐことができます。

「それでは、〇月〇日〇曜日の〇時、課長の〇〇と2名で伺いますので、どうぞよろしくお願いいたします」

電話の場合、手元には、スケジュール帳、メモ帳を用意して、確認しながらアポイントとをとります。

Happy Step

社内連絡もしっかりと

アポイントをメールでとるときは、失礼がないよう、文面を上司にチェックしてもらうとよいでしょう。また、訪問先の了解をとった後もきちんと報告します。

訪問当日は、行き先と戻り時間を上司や周囲に伝えます。ホワイトボードがある場合は、記入してから出かけます。訪問が終了したら、一度上司に電話連絡をしましょう。社に戻ったら、訪問先での内容の報告も忘れずにします。

Point!

訪問目的をしっかりと達成できるよう、事前準備をしっかりと行うことが大切です。

- □ 訪問先の会社名、住所、電話番号、担当者の部署、氏名、役職などを再確認する。
- □ アクセス方法や移動時間を確認する。車で行く場合は駐車場の有無も調べておく。
- □ 商談の流れや説明のしかたなどを考え、必要に応じて資料を作成する。
- □ 必要書類、資料、名刺などを準備する。
- □ 依頼や謝罪の場合は、手みやげを用意するとよい。必要かどうかは上司の判断を仰ぐ。

他社訪問の流れ

1 準備

訪問先までの交通経路や所要時間は、前もって調べておきます。会社を出る前に忘れ物がないかチェックし、訪問先の受付には、約束の時間の5分前には着くよう、時間に余裕をもって出かけましょう。

2 到着

訪問先に着いたら、建物に入る前にコートやマフラーなどの防寒具は脱ぎ、身だしなみを整えます。スマホや携帯電話はマナーモードか電源をOFFに。名刺や資料などの携行品もチェックし、出しやすいところに入れておきましょう。

3 受付で名乗る

受付では自分から社名と氏名、面会人の部署と氏名、約束の有無を伝え、取り次いでもらいましょう。受付に人がいない場合や取り次ぎ用電話もない場合は、近くにいる人に声をかけます。

4 応接室へ

応接室へ通されたら、案内人にすすめられたイスに座ります。特に指定がない場合には、出入り口に近い下座に座り、相手から促されたら上座に移動します。

5 あいさつ&名刺交換

相手が部屋に入ってきたら立ち上がり、笑顔であいさつをして、名刺交換をします。なお、相手にすすめられてから着席します。

6 本題に入る（商談・打ち合わせ）

「本日はお忙しい中、お時間をとっていただきありがとうございます」と、はじめに時間をとっていただいたお礼を述べた後、本題に入ります。持参の資料などを用いながら的確に商談を進めましょう。最後に、用件のポイントを再確認し、再度お礼を言い、**「よろしくお願いいたします」**とあいさつします。

他社訪問の必需品

- ☐ 名刺
- ☐ 筆記用具
- ☐ 手帳
- ☐ 必要書類や資料

★必要に応じてタブレットなど。

受付名簿には

受付名簿の記載を求められたら、自社名や氏名など必要事項を記入します。訪問相手の氏名を記入する欄には、必ず氏名の後に「様」を付けること。

訪問時の心がまえ

身だしなみチェック

相手に好印象を与えるよう清潔感のあるメイクや髪型、服装を心がけます。できれば、後ろ姿もチェックしておくとよいでしょう。

受付で

約束の5分前には受付を済ませ、ロビーなどで時間まで待ちます。遅刻はもってのほかですが、早過ぎる訪問も相手の都合を無視することになるので避けましょう。

面会人が来るまで

待っている間におしゃべりに興じたり、落ち着きなく歩き回ったりするのは厳禁。指定された場所で静かに待ちます。

面会したら

明るい声で、ていねいな言葉づかいを心がけます。

締めくくりのタイミングは、訪問した側からします。

Happy Step

手みやげ

手みやげは、相手への感謝の気持ちを伝えたいときや、依頼ごとやお詫びをするときに持参します。

お菓子が一般的ですが、間に合わせと思われないためにも、訪問先の近所の店で購入するのは避けましょう。お菓子は日持ちがして、個々に包装されているものがおすすめです。手渡すタイミングは、部屋に案内され、あいさつがすんでからです。

こんなときは？

遅刻しそうなとき

できるだけ早く訪問先の担当者へ電話をします。まずはきちんとお詫びをしてから、遅刻の理由を説明し、何時頃に到着するかも伝えます。予定到着時間は、見込みよりやや遅く伝え、二重遅刻になるのを避けましょう。

電話ができない状況なら、メールで会社の同僚や上司に連絡をして、遅れることを相手に伝えてもらいます。

訪問先での話し方

どうして必要？

限られた時間内で、要領よく話をまとめることが求められます。

Goodマナー

時間配分を考慮する

打ち合わせや商談を予定時間内に終わらせることは訪問者の務め。要領よくテキパキと進めましょう。

流れを確認しながら進める

全体の流れを頭に入れておき、大事なポイントはきちんと伝えます。
(1)あいさつ→(2)名刺交換→(3)雑談→(4)用件→(5)希望や意見を聞く→(6)締めのあいさつ

コレはNG

- 相手の反応を見ない。
- 時間配分ができない。
- 資料をただ読むだけ。
- 要点が不明瞭。

信頼を得る話し方

ゆっくりとした口調でわかりやすく、ときに根拠に基づいた話をしたり、論理的に話を進めたりすると、「この人なら任せても安心」と思われます。

ていねいに要領よく話す

訪問先での商談や打ち合わせは、予定の時間内に、きちんとした成果を上げられるようにしたいものです。

それには、事前に資料などをしっかり準備し、当日にはテンポよく、論理的に進行するようにしましょう。議論や提案は先に述べること、わかりやすい発言をすることを心がけます。こうした**手際のよさが、商談のポイント**です。

リラックスした雰囲気も大切です。天候のことや最近話題のニュースなど、場の雰囲気がなごむ話題を提供してから、本題に入るとよいでしょう。

また、一方的に話すのではなく、相手の様子を見ながら意見を聞くようにします。そして最後には、とり決めた内容を確認し、時間をとっていただいた感謝を伝えます。

商談や打ち合わせをスムーズに進めるポイント

1 事前にシミュレーション

シナリオを用意し、全体の流れを事前にシミュレーションして臨みます。

2 あいさつはきちんと

始まりや終わりに、時間をつくってもらった感謝を述べます。

「本日はお忙しい中、お時間をいただきまして、ありがとうございます」

3 場をなごやかに

軽い雑談で場の雰囲気をよくすると、信頼関係を築きやすくなります。天候のこと、最近のニュース、健康や趣味のことなど、誰もが参加できる話題で場をなごませましょう。

「急に寒くなりましたね」

4 重要ポイントは復唱

重要な点は復唱して、相手と確認をとり合います。

「それでは〇〇の件は、ご検討いただけるということでよろしいでしょうか」

5 資料を上手に使う

文字だけの資料より、図やイラスト、画像などを盛り込んだイメージしやすい資料だと、相手に伝わりやすくなります。

6 相手の反応も見る

一方的にまくしたてるのではなく、相手の反応をうかがいながら、意向を聞くようにします。

「こちらはいかがでしょうか」

Happy Step

相手の立場に立つ

訪問先では、こちらの言い分ばかりを強く言うのは逆効果。「相手にとってはどんなメリットがあるのか」、「相手をどのようにサポートできるのか」など、相手の立場に立ってメリットを説明すると、話がスムーズに進みやすいでしょう。的外れな発言をしないためにも、事前準備をしっかり行いましょう。

自己紹介のマナー

どうして必要？

自己紹介は、あなたの好感度や信頼度を決定づけるので重要です。

Goodマナー

会社と自分をPR

初訪問のときには、必要に応じて、自分自身の紹介の前に自社の紹介を簡潔に行います。自社業務や特徴を説明できるよう会社案内などのパンフレットを持参すると効果的です。

相手の会社の感想を

自社や自分のPRだけでなく、訪問先の素晴らしいところや良い印象について、さりげなくほめるのも好感度を上げるテクニックです。

はじめまして。
○○会社からまいりました
小林あやと申します。

コレはNG

- 個人的なことばかりを話す。
- 雑な言い回しや言葉づかい。
- 話が長い。
- 声が小さい。

好印象を残す自己紹介とは

入社後には、社内外のさまざまな場面で自己紹介をする機会があります。**自己紹介の目的は、相手に自分を知ってもらうこと**です。訪問先でも自己紹介が上手にできると、相手に親しみをもってもらえ、仕事が進めやすくなります。

自己紹介のポイントは、**笑顔で明るく、ハキハキと名前を言う**こと。言い慣れている自分の名前は早口になりがちです。ゆっくり話すことを心がけましょう。

また、最初の「はじめまして」と、最後の「今後ともよろしくお願いいたします」のあいさつはきちんとします。自分らしい自己PRは大切ですが、プライベートな場ではないので、節度を保つことが大切です。いざというときにあわてないよう、エピソードを準備しておくと安心です。

自己紹介の基本

1 はじめのあいさつをする

「はじめまして」、「はじめてお目にかかります」「本日からお世話になります」など、笑顔で明るくあいさつをします。

2 社名と氏名を言う

社外の人には「○○会社○○課の小林あやと申します」と、社名、所属部署、名前を述べます。名前はフルネームで、名字と名前の間に一拍おいて、相手に聞き取りやすいようにはっきりと発音します。

3 自己PR

出身地、趣味、得意なこと、好きなスポーツ、学生時代の部活動などを披露してみましょう。ただし、マニアックな内容、長々と自慢話をするのはNG。

★1分程度の自己紹介コメントを用意しておくと、いざというときにあわてません。

4 締めのあいさつ

自己紹介の終わりには、「(今後とも) よろしくお願いいたします」と明るくあいさつをします。最後におじぎをすると好印象です。

人物紹介するときのマナー

上司を社外の人に紹介するとき

1 自分の上司を先に紹介する。

上司は身内なので、名前は呼び捨てにします。

「○○様、こちらが営業課長の××です」

2 社外の人を上司に紹介する。

肩書や敬称をつけて紹介します。

「××課長、こちらは○○商事総務部長の○○様です」

社外の人に複数の人間を紹介するとき

全体（部、課、グループなど）を紹介した後、目上の人から一人ひとり紹介していきます。

「○○様、こちらが弊社の企画課一同です。こちらが企画部長の○○です」

「こちらは、チーフの○○です」

紹介する順番のポイント

- 取引先（外部）と上司の場合
  ⇒先に身内（自分の会社の人間）から紹介します。
- 年長者と年少者の場合
  ⇒先に目下である年少者を紹介します。ただし、年少者でも役職が上なら後で紹介します。
- 地位が同じで、どちらも外部の人の場合
  ⇒より自分に関係が近い人から紹介します。

column

覚えておきたいビジネス用語

的確に使いこなして「デキる人」になる

さまざまなビジネスシーンで使われているビジネス用語。一般的に広く使われているものや、業界ならではの専門用語もあります。

ビジネス用語を自分なりに勉強しておくことも必要ですが、わからないときは「勉強不足で申し訳ありませんが、〇〇の意味を教えてください」と、すぐに聞き返しましょう。会議中などで、その場で聞くことができない状況なら、終了後なるべく早く先輩などに確認します。

新人なら、知らなくても恥ずかしいことではありません。意味がわからないのに、知ったかぶりをしたり、自分の考えで解釈したりするほうが、後で大きなミスにつながる可能性があるので危険です。

ビジネス用語を適切に使えるようになると、周囲とのコミュニケーションがスムーズに進むでしょう。

ビジネス用語例

★アサイン
割り当てる、任命する。

★アジェンダ
計画、予定、協議事項。

★ウィンウィン(Win-Win)
相手も自分も勝つという意味。両者にメリットがある状態のこと。

★エビデンス
証拠、根拠、証言。金額交渉時の見積書や、会議の議事録などをさす。

★コンセプト
商品やイベント、企画などに一貫した概念や考え方のこと。

★コンセンサス
関係者の意思疎通または同意。

★フィックス
最終決定。

★コンバージョン
Web上で獲得できる最終的な効果。Webマーケティングでよく使われる。

★コンプライアンス
法令遵守。

★サマリー
要約。要約したデータや文章を指す場合も。

★ステークホルダー
会社と利害関係をもつ人や地域を指す。

★フィードバック
計画や実行の反省点を情報として連絡する。

★ご査《さ》収《しゅう》
「確認の上、お受け取りください」という意味。

★フェーズ
段階、局面。

★ブレスト
ブレーンストーミングの略。思いつきも含めて自由に意見を出し合う。アイデアを生み出すための集団的思考法。

★ボトルネック
生産の進行や発展の妨げとなる事柄。瓶の首が細くなっていることになぞらえている。

★マター
案件。担当すべき仕事。「それは鈴木マターです」というのは、その仕事の担当は鈴木さんという意味。

★リスケ
「リスケジュール」の略。これまでの予定を組み直すこと。

Part 7

身につけたい！

仕事の自己管理力&コミュニケーション術

自己管理テクニックと
コミュニケーション能力を上げて
仕事を効率よく進めましょう。

会議・ミーティングの準備

どうして必要？

報告や話し合いを行う場なので、事前に準備が必要です。

Goodプラン

計画的に迅速に準備する

当日、ミスなくスムーズに進行するよう、前もって計画的に準備をします。資料の確認ができる時間をつくるためにも、早めの準備を心がけましょう。

20枚
あるわね。

しっかり確認

コピー、資料のセット、参加者への連絡、飲食の手配などは、数、時間、連絡する人などを間違えると、大変なことになります。単純なことでも、必ず確認をすることを忘れずに。

会議の準備のしかたを
教えていただけません
でしょうか。

コレはNG

- 当日、バタバタと準備する。
- 配布資料の数を確認しない。
- 飲み物や弁当の数を間違える。

会議のスムーズな進行を事前の準備でサポート

会社によって異なりますが、新入社員の場合、社内会議などの準備を任されることがあります。

具体的には、関係者への連絡、会議室の予約、ボードやプロジェクターなどの用意、飲食の手配、会議用の資料の作成や、人数分のコピーの用意などです。最初はとまどうかもしれませんが、**先輩の指示を仰ぎながら準備を**しましょう。部署やグループでの社内ミーティングを行う場合も同様に行います。

会議などの準備の一つひとつはむずかしい仕事ではありません。しかし、軽く考えているとミスにつながり、迷惑をかけることになります。

一つずつ確認して、先輩に随時報告をしてから準備を進めることが大切です。

会議の準備をすることになったら

1 詳細が決まったら関係者に通知

会議の日時、場所、出席者を、参加者に書面や電話、メールなどで連絡します。

2 資料の用意

会議資料を必要部数用意します。「社外秘」の場合は、特に扱いに気をつけましょう。

3 飲食の手配

会議中の飲み物や、昼食にかかる場合はお弁当の手配の有無を確認します。参加者にお茶を出すこともあります。間違えないように人数を確認しておきましょう。

4 会場設備を準備

会議の参加人数などに応じて、席をつくります。また、必要ならボードやプロジェクターなども用意しておきます。

会議の席次

- 議長を中央に、役職の高い順に上座から座っていきます。
- 出入り口から最も遠い席が上座、出入り口に近い席が下座です。

[コの字型]

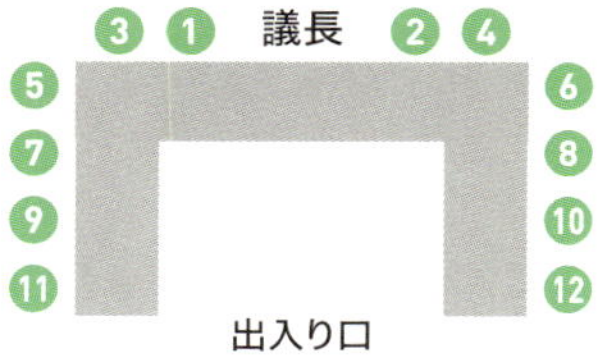

[対面型]

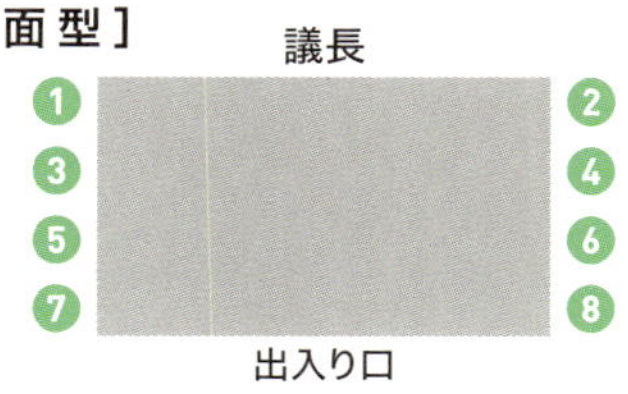

Happy Step どんな仕事もていねいに

資料のコピーをとって、まとめる作業は、単純でつまらないと思うかもしれません。しかし、手を抜いて確認をしないと、「部数が足りない」「抜けているページがある」といったミスにつながり、その後の仕事に支障が生じます。

どの仕事においても、一つひとつ正確に、ていねいに行うことを心がけることが大切です。小さな積み重ねが、あなたのスキルアップにつながります。

こんなときは？

資料をとめるとき

書類をとめるときは、横書きの文字なら左上、縦書きの文字なら右上というのが一般的です。

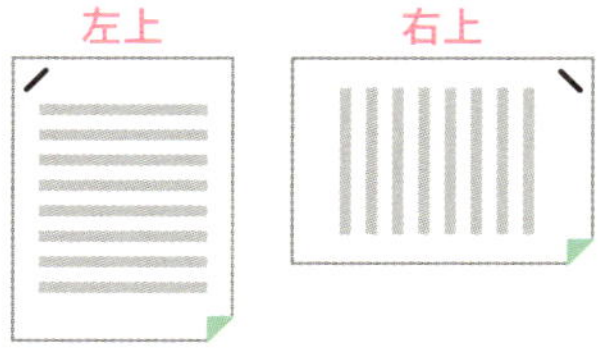

社内ミーティングに参加するとき

どうして必要？

自分の意見をしっかり伝える準備はもちろん、話し方や聞き方のマナーにも気をつけましょう。

Goodマナー

時間を守る

遅刻は厳禁。資料などを準備して、ミーティング開始５分前には着席しましょう。

積極的に発言を

テーマを理解し、事前に資料などを読み込み、自分の考えをまとめておきます。ミーティングでは積極的に発言をしましょう。

発言者の話に耳を傾ける

発言している人の顔を見て、しっかりと話を聞く姿勢が大切です。話の内容のメモをとることも忘れずに。

コレはNG

- ミーティング中に退屈そうな態度をとる。
- ほかの人の意見の揚げ足取りばかりする。
- 自分の意見を整理して発言できない。
- 問題点ばかりをあげる。

自覚をもって積極的に参加

社内ミーティングに参加するということは、何か役割を与えられたことを意味します。ミーティングのテーマを理解して、事前に資料やデータを集めたり、確認したりして自分の意見をまとめておきましょう。意見を求められたときに何も話せないのではミーティングに参加する資格はありません。

また、ミーティング中は発言している人の顔を見て話を聞く、メモをとるなど、真剣に取り組む姿勢をとることも大切です。あくびをしたり、ほおづえをついたりするのは論外です。

発言するときは、挙手をしてからしましょう。発言者の話を途中でさえぎるのはマナー違反。たとえ自分と反対の意見でも、最後までしっかり耳を傾けることが大切です。

「聞く」「話す」ときのマナー

「聞く」とき

姿勢を正して聞く

姿勢を正し、発言者の顔や資料を見ながら、緊張感をもってきちんと話を聞きましょう。

ポイントはメモをする

重要事項やおもしろいと思った発言は、メモに残しておきます。発言者の顔や資料を見ながら話を聞きましょう。

わからないことは質問を

疑問点はそのままにせず、質問をします。

同感にはうなずきを

同感できる発言にはうなずくなど、興味をもって聞きましょう。

「話す」とき

発言は手をあげてから

発言や質問をしたいときは、進行を妨げないように挙手をしてから行います。

ハッキリとした声で

発言は、聞き取りやすいようにハッキリと、ゆっくり話すことを心がけます。

考えをまとめてから話す

相手に理解してもらうためには、内容を整理し、構成を組み立てて話すようにしましょう。

批判するときは解決策を

問題点ばかり指摘するなど、批判的な発言にならないようにします。問題点をあげるときは、必ず解決策を提案しましょう。

議事録を頼まれたら

のちのちまで残る書類です。誰にでもわかるよう、簡潔にまとめます。また、議事録は日が経つとメモがあっても記憶がうすれるので、会議やミーティング後、すぐに作成しましょう。

- 過去の議事録を取り寄せ、そのフォーマットに準じて作成します。議事録に記載する項目は、右のとおり。
- 議事録をとるために、ミーティング中にPCで打つ、またはノートに書きとめます。また、録音しておくと、後で確認できます。その際は、参加者にひと言断ります。

- 会議名
- 開催日時、場所、参加者
- 議題項目
- 話したこと、検討されたことなどの内容（発言者の氏名も）
- 決定事項
- 次回予定
- 議事録作成日時と作成者氏名

スケジュール管理

どうして必要？

仕事を決められた時間内に終わらせるために、効率のよい時間の使い方をすることが求められます。

Goodプラン

所要時間を意識する

どんな小さな仕事でも、所要時間を意識して、時間内に終わらせるようにしましょう。

手帳やスマホで予定を確認

仕事とプライベートのスケジュールが、ひと目で確認できるよう、使いやすいツールを活用して、しっかりスケジュール管理を行いましょう。

1日の仕事をリストアップ

出社したら、その日にするべき仕事を全て書き出しましょう。「今日は何をすればよいか」を把握することで、時間の使い方が見えてきます。

コレはNG

- 頼まれた仕事が期日に間に合わない。
- 仕事にかかる時間を考えず、同時にいくつもの仕事を抱え込む。
- キツキツのスケジュールを組んでいて、余裕がない。

時間を意識しながら仕事を行う

仕事に使える時間は限られています。その**時間をどれだけ有効に使えるか**で仕事のパフォーマンスは大きく変わってきます。

基本は、**時間内に終わらせること**。そのためには、仕事の内容を見極め、全体にかかる時間を計算して予定を立てて進行する「スケジュール管理」が大切になってきます。

キャリアアップすると、いくつもの仕事を頼まれたりしますが、「たぶんできる」と自分を過信すると、結局どれも終わらず、周囲に迷惑をかけることになります。また、仕事では思わぬハプニングやトラブルで、予定どおりにいかないことも少なくありません。

いろいろ詰め込まず、ゆとりをもって確実にこなせるスケジュールを立てることが大切です。

スケジュール管理のコツ

「To Doリスト」を作る

「To Doリスト」とは、やるべき仕事の一覧のこと。その日の仕事を箇条書きにし、優先順位をつけます。終わったものは斜線で消していくようにすると、達成感も得られます。

所要時間を考える

やるべき仕事は、全て所要時間を想定して行います。作業中も時間を意識して、ペース配分を考えて行いましょう。

無理なスケジュールを組まない

仕事にはハプニングがつきもの。予定を入れるときは、ギリギリのスケジュールで詰め込まず、ある程度、余裕をもたせましょう。

タイムマネジメントを

単に時間どおりに仕事をこなすだけでなく、よい仕事をするために、時間をうまく使って仕事を進める「タイムマネジメント力」を身につけましょう。

年間予定を書き出す

年間を通して決まっている納期や行事は、最初に書き込んでおくと、そこから逆算して予定を立てられます。

ツールを活用

自分の1週間、1カ月の予定がひと目でわかるよう、手帳やスマホなど使い勝手のよいツールで、しっかりとスケジュール管理をしましょう。

Happy Step

「PDCA」サイクルで仕事を進める

PDCAは、「Plan・Do・Check・Act」の頭文字をとったもので、もともと生産管理などの管理業務を円滑に進めるための考え方ですが、個人の仕事の進め方においてもよく使われます。

PDCAサイクルとは、右記のサイクルを繰り返すこと。継続的な改善が重要だということです。どんな仕事も、PDCAを意識して仕事に取り組みましょう。そうすれば、仕事が円滑に進み、自然とスキルアップします。

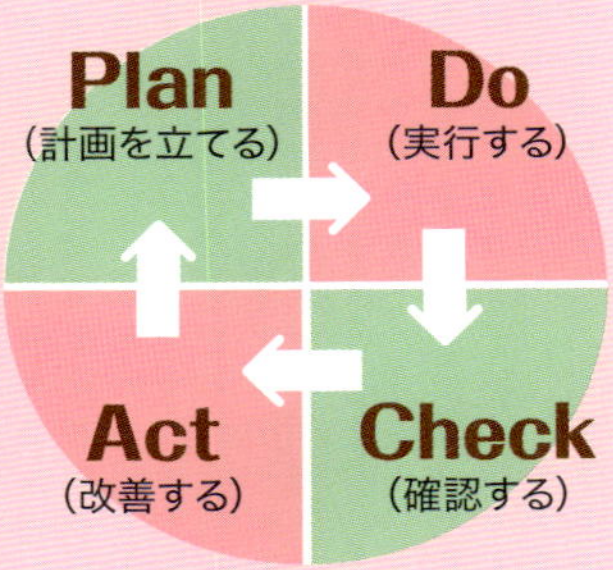

モチベーションを高める

どうして必要？

考え方を変える、目標を設定するなど、ポジティブ思考に。そうすればやる気もアップします。

Goodプラン

不安や緊張を原動力に

不安や緊張は、何度も確認をしたり、ていねいに進行したりする原動力にもなります。「できること」を積み重ねていけば自信につながります。

笑顔をつくる

つくり笑いでも、脳から気持ちが落ち着くホルモンが分泌されます。まずは笑顔をつくってみましょう。そこから前向きな気持ちも生まれてきます。

目標を設定する

小さな目標を設定してクリアしていくと、仕事で達成感を得ることができます。

コレはNG

- イヤイヤ仕事をする。
- 最低限のことしかやらない。
- 惰性で仕事をしている。
- 「自分はダメな人間だ」と過剰に卑下する。

考え方のスイッチをポジティブに切り替える

仕事が楽しくない、会社へ行くのがイヤだと感じることは誰にでもあるものです。イヤイヤ惰性で仕事をしていると、仕事のパフォーマンスが低下、結果的に評価を落とすという、負のスパイラルにはまってしまいます。

まずは、**気持ちを切り替え、コントロールする術を身につけること**。うまくいかないときは、何でできないのだろうとマイナスに考えず、どうすればうまくいくか、それにはどうするべきか、考え方をポジティブスイッチに切り替えてみましょう。また、「電話でも笑顔で応対する」など、**身近な目標を設定**して実行してみます。

仕事は楽しさを追求するものではありません。目標をクリアしていくことで、自分を高めていきましょう。

モチベーションアップから得られるもの

社会貢献

仕事をすることは、経済活動や社会活動に参加すること。小さな仕事も、社会の役に立っていることを意識して、目の前のことに取り組みましょう。

人との出会い

仕事をすることで出会う、さまざまな人たちはあなたの財産です。その人たちから、よい刺激や影響を受けることであなたという人間も形成されていきます。

自分自身の成長

仕事を通じて困難を乗り切ったり、努力をしたりすることで、あなたは成長しています。それがキャリアを磨くということです。

感謝の気持ち

仕事があることは当たり前のことではありません。仕事ができる環境に感謝して取り組みましょう。仕事を任されているというのは、期待されている証です。

新しい自分に出会う

眠っている能力は誰にでもあるはず。仕事での努力があなたの能力を高め、新しい能力や才能を引き出してくれるかもしれません。

お金

仕事でお金を得ることは、大きな喜びです。この喜びをさらに大きくするために、スキルを高めていきましょう。

何のために仕事をするのか

日々の仕事に追われていると、疲れて仕事がイヤになることもあります。そんなときは、少し視点を変えて「何のために仕事をするのか」を意識して、仕事に取り組んでみましょう。理由が明確になれば、仕事への意欲もアップ。目の前の仕事への工夫も生まれてきます。

なりたい自分をイメージ

10年後、どんな自分になりたいですか？

自分のキャリアを長期でイメージし、それを大きな目標としましょう。それを実現するために、1年後、3年後、5年後の自分はこうありたいと、具体的な目標を設定しましょう。小さな目標を一つずつクリアしていくことが、なりたい自分になる近道です。

上司・先輩とのつき合い方

どうして必要？

仕事をスムーズに進めるためにも、上司や先輩には敬意をもった接し方をすることが大切です。

Goodマナー

タイミングを見計らって話しかける

緊急性のある大事な用件は、上司や先輩に話しかけるタイミングを見計らって声をかけましょう。

まずは素直に聞く

頭から上司や先輩の言うことを否定してはいけません。たとえ自分の考えとは違っていても、まずひと通り素直に聞き、一度はそれを試してみましょう。

相手を敬う

上司や先輩と話をするときは、仕事と人生の先輩として、相手を敬う気持ちをもちましょう。敬語で、常に自分が一歩下がった位置にいるつもりで接します。

コレはNG

- メモをとらず、何度も同じことを聞く。
- 上司や先輩になれなれしい言葉で話しかける。
- 上司が多忙なときに緊急性のない、込み入ったことを相談する。
- 否定的な返事をする。

敬意をもって接することを忘れずに

仕事をしていく上でキーパーソンとなるのは、上司や先輩です。日頃から良好な関係を築いておくことが大切です。

学生時代の先生は、教えることが仕事なので、受け身でいてもレクチャーしてくれますが、会社の上司は違います。仕事について指示をした後は、細かくレクチャーはしてくれません。**不明な点は質問をし、困ったことがあったら積極的に相談しましょう。**

また、上司や先輩は、人生においても仕事においても、あなたよりキャリアを積んだ存在です。常に**敬意をもって接しましょう。**役職によって人を判断するのはもってのほか。たとえ役職がついていなくても、あなたよりキャリアは上。学ぶべき点はたくさんあるはずです。

上司や先輩との接し方

呼ばれたとき

はい。

「はい」と元気よく返事をして立ち上がり、上司や先輩のもとに行く。

✖ 着席のまま、顔だけ上司のほうに向ける。
✖ パソコン画面を見ながら、「何でしょう」と応える。

指示を受けるとき

○○ということですね。

内容をメモし、指示内容を復唱。疑問点はその場で質問する。

✖ 何ももたずに聞く。指示内容についても無反応。

仕事を教えてもらったとき

ありがとうございます。

笑顔で「ありがとうございました」「勉強になりました」とお礼を言う。

✖ 黙ったままで、お礼を言わない。
✖ 「どうも」とだけ言う。

アドバイスを受けたとき

わかりました。やってみます。

「先輩のやり方で試してみます。ありがとうございます」と、試す姿勢を見せる。

✖ 「わかりました。そのとおりにすればいいんですよね」と批判的、感情的に言う。

Happy Step

上司や先輩の仕事ぶりを見習う

上司や先輩の仕事は、よく観察しましょう。仕事の段取りや報告書のまとめ方、電話応対の仕方など、見聞きしているだけで勉強になります。

その上で、わからないことは質問したり、相談したりしましょう。自分で深く考えず、何でも聞けばよいという態度はよくありません。上司や先輩の貴重な時間を割いてもらうということを忘れないようにしましょう。

こんなときは？

先輩から理不尽なことを言われたとき

理不尽なことを言われていると感じても、「わかりました。言われたとおりにすればいいんですよね？」と感情的になったり、否定的なことを言ったりするのは避けます。

また、たとえ自分の考えと違っても、相手の意見を受け入れようとする姿勢を見せましょう。

同僚とのつき合い方

どうして必要？

同僚とは良好な関係を築きたいもの。公私の区別をつけた上手なつき合い方をしましょう。

Good マナー

お互いを高めて共に成長

仕事での悩みを言いやすい間柄。お互いに切磋琢磨、励まし合って仕事のモチベーションを高めて、成長していきましょう。

適度な距離感をもつ

仕事仲間として、適度な距離感をもって接すると、人間関係がうまくいきます。つかず離れずのバランスのよい距離を保ちましょう。

仕事中は節度を守る

勤務中はプライベートなおしゃべりは慎みます。学校の休み時間のようにはしゃいだり、笑ったりするのも禁物。おしゃべりは昼休みか、アフター5に。

コレは NG

- ニックネームや「ちゃん」づけで呼び合う。
- 社内のうわさ話や愚痴ばかりを話す。
- プライベートのつき合いを強要する。
- SNSで悪口を流す。

適度な距離感、節度をもって上手につき合う

同じ立場で気軽に話ができ、相談もできる同僚の存在は頼りになるものです。しかし、話しやすいからといって、**社内のうわさ話や愚痴ばかりを言い合うような間柄にならないよう、節度ある態度で接しましょう**。常に仕事で成果を出しやすいように助け合い、同時によきライバルとして、お互いの存在がプラスになるような関係を目指したいものです。

また、同僚はあくまで仕事仲間であり、プライベートなつき合いまでしたくないという人も少なくありません。職場で同僚と信頼関係を築くことは大切ですが、学生時代の友人と同じようにプライベートまでベッタリという関係ではなく、公私の区別をつけた、節度ある接し方を心がけることが大切です。

同僚とつき合うポイント

相手をほめる

仕事上のことはもちろん、同僚の変化に気づいたら、「ショートにしたのね。とても似合うわ」「そのスカートかわいい」などの、ひと言を。小さなやりとりが、良好な関係をつくります。

裏表なく平等につき合う

人によって態度を変えていると、裏表がある人と敬遠されます。同僚に限らず、どんな人とも分け隔てなく、素直な気持ちで接しましょう。

適度な距離感を

常に同じ人やメンバーで固まっていると、距離感が近過ぎて振り回されたりすることも。適度な距離をとることも、よい関係を長続きさせるポイントです。

一緒になって悪口やうわさ話をしない

人の悪口に同意をしたり、一緒になって悪口を言ったりするのはやめましょう。また、人事に関わることや、プライベートなうわさ話など、信ぴょう性の低い話は信じないようにします。聞いた話を誰かに話すのも慎みましょう。

プライベートを詮索しない

同僚の家族構成や友人関係、恋人の有無、信仰している宗教のことなど、プライベートなことを細かく聞くのはタブーです。

Happy Step

後輩のことはあたたかく見守る

後輩は、不安を抱いていた過去の自分。「わからないことがあったら、遠慮なく聞いてね」と、話しかけやすい雰囲気をつくってあげましょう。また、全てを説明するのではなく、自分で考えることを身につけられるよう信頼して任せ、見守ることも大切です。

なお、何もわからない後輩に社内の人間関係やうわさ話を吹き込むのは禁物。あなたの信用もなくなります。

こんなときは？

同僚が年上のとき

他の同期と変わらない接し方をしましょう。ただし、敬語を用いるなど、言葉づかいはていねいに。

お金を貸してと言われたら

ランチ代の立て替えまで目くじらを立てることはありませんが、お金の貸し借りはトラブルのもと。借金の申込みは断りましょう。

社内イベントでのマナー

どうして必要？

羽目をはずしがちな社内イベントの最中でも、マナーを心得て交流をすることが大切です。

Goodマナー

上司や先輩を立てる

無礼講でも、上司や先輩をいつもどおり敬いましょう。また、お酒の席ではお酌や料理が行き届いているか、常に気を配ることが大切です。

イベントを盛り上げる

場を盛り上げるのは若手社員の役目。これまであまり話したことがない人にも笑顔で話しかけましょう。明るく楽しい場をつくるよう努めます。

できるだけ参加する

社内イベントは、仕事をスムーズに進めるための大切な時間です。気が進まなくても積極的に参加しましょう。

コレはNG

- 「仕事ではないから」と参加しない。
- 「飲み会の席は無礼講」とばかり、目上の人に失礼な物言いをする。
- 宴会で会社の愚痴ばかりを話す。
- 急なキャンセルや無断欠席をする。

できるだけ参加し社員同士の親睦を深める

会社では、忘年会、新年会、歓送迎会、社員旅行などのイベントが行われることがあります。これらは、**社員同士のコミュニケーションを深め、結束を高めて仕事を円滑に進めることを目的**としているので、積極的に参加しましょう。

社内イベントは基本的に自由参加なので、ONとOFFをきっちり分けたい人はイヤかもしれません。しかし、普段は交流のない部署の人たちと交流したり、苦手な上司の意外な一面を見ることができたりします。社内でのコミュニケーションに悩んでいる人ほど参加してみるとよいでしょう。

なお、いくら楽しいイベントでも、羽目をはずし過ぎるのは禁物。上司や先輩に対しても、常に気を配り、失礼がないように接しましょう。

忘年会などの幹事を任されたら

1 日時を決める

全員の都合を聞いて日時を決めます。なかなか決まらないときは、上司の日程を最優先にしましょう。

2 店を選ぶ

参加者の食べ物の好みを調べ、できるだけ多くの人が楽しめそうな店を選んで予約します。

★店は必ず下見をし、料理やお酒のことを細かく打ち合わせしておきます。

3 席次を決める

店の下見の際、実際に使う部屋または席に案内してもらい、どのような席次にするかを決めておくと、後から混乱しません。ただし、後から遅れて来る人もいるので、臨機応変に誘導を。

4 宴会

料理が行き渡っているか、お酒がなくなっていないか、追加注文の必要があるか、気を配ります。

★幹事は、出入り口に一番近い席に座ります。お店の人とのやりとりがしやすく、また会計に立つときもスムーズにするためです。

5 支払い

終了の時間が近づいてきたら、先に支払いを済ませます。領収書を忘れずに受取ります。

6 お開き

終了時間の10分前ぐらいに、幹事から簡単なあいさつをし、最後に上司からひと言コメントをもらいましょう。

Happy Step

「無礼講」はありません

無礼講（ぶれいこう）とは、「身分に関係なく酒を楽しもう」という趣旨の約束。でも、それは「何を言っても許される」という意味ではありません。

上司が「今日は無礼講だぞ」と言っても、上司に対して失礼な物言いをしたり、普段言えないことを言ったりするのはマナー違反。周囲の人たちは、あなたの言動を覚えていることを忘れないようにしましょう。

こんなときは？

参加したくないとき

気が進まなくても、できるだけ参加するほうがプラスになります。欠席をする場合は、断りのあいさつをきちんと述べましょう。

明日は、はずせない
予定があるので
欠席しますが、
次回は必ず参加します

対人トラブルの対処法

どうして必要？

トラブルを一人で抱え込まず、信頼できる人に相談するなど、冷静に対処しましょう。

Goodマインド

うわさ話や陰口は聞き流す

うわさ話をう呑みにしたり、陰口に首を突っ込んだりするのはトラブルのもとです。そうした話にはのらず、黙っているのが得策です。

誤解を招く態度をとらない

自分に好意をよせている男性に対して、その気がないのに甘えたり、誘いにのると誤解され、トラブルになります。

職場の対人トラブルは信頼できる人に相談を

日頃から、良好な人間関係をつくることが大切ですが、トラブルが深刻化した場合は、まず上司に相談しましょう。

実は、ご相談したいことがあるのですが…。
どうした？

コレはNG

- 「あなたは苦手」ということが表情や態度に出てしまう。
- 話すときに目を合わせない。
- 何でも社内メールで済ませ、コミュニケーションを避ける。
- うわさ話や悪口を言いふらす。

対人トラブルは一人で抱え込まない

会社には、いろいろな人がいます。それぞれが個別の考えをもっているのですから、意見や趣味が合わないのは当然のこと。その人の考えや行動に共感ができないからといって敬遠するのはよくありません。**他人の考えを尊重、許容することも大切**です。

　対人関係のトラブルが深刻になると、いじめ、差別、ストーカー行為などに発展することもあります。そうした**嫌がらせがエスカレートしてきたら、信頼できる同僚や上司、社外の友人に相談を**しましょう。一人で悩みを抱え込むのは禁物です。

　また、悪気はなくても、ちょっとしたふるまいが相手を傷つけることがあります。無意識のうちに加害者にならないよう、自分の言動にも注意を払いましょう。

いじめの対処法

こんなときは → **こうしてみる**

悪口を言われたり、仲間外れにされた

- 同僚の女性たちに無視されている。
- 陰で悪口を言われている。
- 飲み会などに誘ってもらえない。

自分を振り返る・無視する

- 自分の行動が原因で、人に迷惑をかけたり、イヤな気持ちにさせたりしていないか、誤解を生んでいないかを振り返ってみましょう。
- 思い当たることがなかったら、毅然とした態度で無視してマイペースで仕事をします。

いじめがエスカレート

- 「いじめ」だという確信がもてなくても、嫌がらせと思われる行動が止まらない、エスカレートしてきた。
- 会社に行くことがこわくなってきた。

信頼できる人・第三者機関に相談

- 上司や年上の先輩に、現状を話します。場合によっては部署の異動の相談も。
- 会社によっては、職場のいじめ問題を扱う窓口や、従業員のメンタルサポートをする委託機関を利用できます。公的な労働相談や、弁護士会・司法書士会、特定社会保険労務士が行うADR（裁判外紛争処理手続き）を利用しても。

解決には時間が必要

気分転換を

相談しても、すぐに解決はしないもの。できるだけ気にしないように努め、アフター5を充実させて上手に気持ちを切り替えましょう。

転職も選択肢に

現状のいじめから逃れるには、転職という選択もあります。「別に転職したっていい」と思うだけで、気持ちが楽になるかもしれません。

モラハラ

モラルハラスメントの略。言葉や態度による精神的な暴力のことです。職場においては、同僚からのいじめという意味になります。上司から受ける嫌がらせはパワハラ（次ページ参照）として区別されます。

セクハラ・パワハラの対処法

こんなときは → **こうしてみる**

性的な言動

「胸が大きいと、肩こりするだろう。もんであげるよ」

「そんな服は、痴漢してくださいと言っているようなものだね」

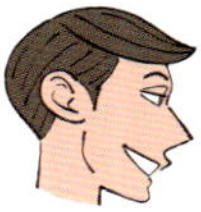

→

「これはセクハラです。やめてください」

「セクハラ的な言葉に聞こえますので、お気をつけください」

当人は、セクハラとは意識せず言っている場合が少なくありません。冗談まじりに「やめてください」と言うのではなく、セクハラになるときっぱりと言いましょう。

性差別、パワハラ

「女だからって加減してもらえると思ったら困りますよ」

「これじゃダメだよ」と大声で怒鳴られた。

→

「女性でなくても、この条件でこなすのはむずかしいと思います」

女性差別の発言はパワハラです。また、怒鳴る、机をたたくなども暴力行為になります。パラハラをする上司には、その上の立場の人に相談をするか、第三者機関に相談しましょう。

つき合いを強要

「仕事のことで、外でゆっくりと話したい」と呼び出されてお酒を飲みに行き、性的嫌がらせを受けた。

→

「仕事の話ではないようなので、帰ります」

これはセクハラに該当します。まずは、帰ることを最優先にし、翌朝一番に、その人よりも上の立場の人に相談します。そこで改善されないようなら、第三者機関に相談しましょう。

セクハラ

セクシャルハラスメントの略。体をさわる、容姿に関することや、性差別的な発言をすることなど、性的な言葉や行動で嫌がらせをすることをいいます。

パワハラ

パワーハラスメントの略。自分の優位な立場を利用して、相手に対して必要以上に怒鳴ったり、人格を否定したりなどの嫌がらせ行為をいいます。

★企業は、パワハラ・セクハラ防止を義務づけられています。被害内容によっては、会社にも法的処置を取ることができます。被害を受けていると感じたら、被害の状況を記録しておきましょう。

社内恋愛で気をつけること

節度をもって

周囲の人が気まずい思いをしないように、社内での恋愛は節度を忘れずに。不倫関係は、社内恋愛以前のモラルの問題です。

結婚するまで周囲には秘密に

人を好きになることは素晴らしいことですが、会社は仕事をする場です。結婚が決まるまでは、社内の人に気づかれないよう、他の社員と同じように接したほうが、会社で仕事がしやすいでしょう。

あいまいな態度をとらない

社内の人から交際を申し込まれたら、慎重に対応しましょう。あいまいな態度で返事を長引かせたりせず、早めに返事をします。恋愛対象でない場合は、「ごめんなさい。気持ちはうれしいけど、私には好きな人がいるの」と、きっぱり断りましょう。

仲間の恋愛は見守る

仕事仲間の恋愛を知ったときは、口外せず、そっと応援しましょう。同僚や上司の恋愛現場を目撃しても、口外しないようにします。

Happy Step

言葉には十分気をつける

モラハラ、セクハラ、パワハラなど、人格を無視した卑劣な行為は、はっきりと拒絶することが大切です。同時に自分が加害者にならないよう、自身の言動も十分注意しましょう。

「男なんだから、できるでしょう」「〇〇さんみたいな人は、彼女なんてできないよ」などは、セクハラに該当します。自分が言われたらイヤなことは言わないことを基本に、言葉選びも慎重に。

こんなときは？

会社の人から執拗につきまとわれたら

仕事中は普通なのに、帰りに駅で待ち伏せされたり、飲みにしつこく誘ってきたりしたら、きっぱりと「やめてほしい」と言いましょう。そう伝えても、ストーカー行為が止まらない場合は、上司に相談をします。会社から指導を受けても行為が続く場合は、警察に相談しましょう。

column

初対面の人とは避けたい会話

プライベートに立ち入る内容はNG

仕事では、初対面の人と話す機会が多いですが、そのときに「何て失礼な人だろう」「一緒に仕事をしたくない」と思われないようにすることが大切です。

いくら相手のことをよく知りたいと思っても、家族構成や、家族の職業、恋人の有無、住んでいる場所、信仰している宗教など、初対面でプライベートな質問は避けましょう。また、政治の話もNG。野球やサッカーなどのスポーツの話も、ひいきにするチームがそれぞれ違うと面倒なことにもなるので注意しましょう。

自慢話、愚痴、悪口は初対面の人以外もNG

初対面に限らず、仕事関係者との会話で避けるべきものが、自慢話。聞き手にとっては長々と話されると不快なものです。

また、愚痴や他人の悪口も禁物。マイナスの話は気分がよいものではありません。加えて他人の悪口を言うと、相手は「この人は、自分のこともきっと誰かに悪く言うのだろう」と思います。信頼をなくすので慎みましょう。

相手が気持ちよく話せるよう聞き手に徹する

初対面の相手に「話をして楽しかった」と思ってもらえるようにするには、聞き上手になることも大切です。

たとえば、「昨日は本当に暑かったですね」「暑かったですね」と、オウム返しをすると、相手は自分の話を聞いてくれていると心地よく感じるもの。加えて、単に相槌を打つだけでなく、「私もそう思っていました」など、共感の言葉を入れるとよいでしょう。

きっかけとなる会話

●共通点を見つけて話題に

「御社がある○○町は、学生のときによく遊びに行っていました。今も○○という喫茶店はありますか？」

「その万年筆、私ももっています。とっても書きやすいですよね」

●目にしたものを話題に

「今日はずいぶん渋滞をしていますね」

●天気や気候の話

「昨日は大雨でしたね。今日はどうなることか心配していたんですが、久しぶりの青空で気持ちがいいですね」

「最近は、めっきり秋らしくなって、この間までの猛暑がうそみたいですね」

Part 8

困らない！

おつき合い&食事のマナー

いざというときにあわてない、
食事のマナーや冠婚葬祭のしきたりを
身につけておきましょう。

接待、打ち上げのマナー

どうして必要？

接待や打ち上げも仕事。仕事をスムーズにし、関係性を強くするためにも失礼のない対応をしましょう。

Goodマナー

お酒や食事を楽しみながら会話を

上司と一緒に接待をするときも、新人だからと黙ったままでは失礼です。相槌を打ったり、出された食事についてなど、会話の糸口を見つけて話をしましょう。

周囲へ気配りを

打ち上げの場合、人数が膨らむほど会話の輪に入れずにいる人が出てきます。プロジェクトの苦労話や成功話、これからやりたいことなど、みんなが参加できる話題をふって全員が楽しめるようにします。

コレはNG

- 「時間外だから」「お酒の席はイヤだから」と参加しない。
- 「接待を受ける側だから」とえらそうな態度をとる。
- 社外秘など秘密事項を口にする。

取引先や上司を立てる

取引先の人や会社の上司を立てた言動に努め、気持ちよく過ごしていただきましょう。

接待や打ち上げでは細やかな気配りを

社会人ともなると、上司・同僚や取引先とのおつき合いも必要になってきます。

接待は、取引先との間でもたれるもので、日頃の関係に感謝し、さらなる関係強化をはかることを目的としています。ですから、お酒が入ってフランクな雰囲気になっても、**ビジネスに直結していることを意識し、細やかな気配りを**心がけましょう。

打ち上げは、プロジェクトが完了したり、仕事がひと区切りついたりしたときに、関係者が集って慰労し合うものです。これも仕事の延長。**場をなごませる気配り**が大切です。

関係性をよくすることは、円滑に仕事を進める上で重要です。面倒と思わず、相手を知るチャンスととらえましょう。

接待をするとき・受けるときの流れ

接待を する とき

1 店と打ち合わせ

早めに店に行き、料理や席の確認をします。店側との連携が宴の進行のカギとなるので、事前の打ち合わせはしっかりと。

2 お出迎え

少なくともひとりは、店の入口でお出迎えをします。

本日はお忙しい中、
ありがとう
ございます。

3 宴会スタート

全員そろったら、主客の紹介、主催者側のあいさつ、乾杯を行い、会食を始めます。

4 会計を済ませる

終了時間が近づいたら、そっと席を立って会計を済ませます。必要に応じてタクシーの手配もこのときしておきます。

5 お開き・お見送り

終了時間になったら、主催者側のあいさつでお開きにします。

お見送りのため、ひと足先に店の外へ出て主客を待ちます。（車が）見えなくなるまでお見送りします。

6 お礼の連絡

翌日は、朝一番でお礼のメールまたは電話をします。

接待を 受ける とき

1 店に到着

遅刻は厳禁ですが、早過ぎる到着も相手に迷惑。開始時間の5分くらい前に店に着くといいでしょう。

2 宴会スタート

全員そろい、主客として紹介され、上司が「このような席を設けていただき、ありがとうございます」とお礼を述べたら、一緒に頭を下げて謝意を表しましょう。

会食が始まったら、遠慮せず食事と会話を楽しみましょう。ただし、常に上司や主催者を立て、自分は一歩下がっていること。また、飲み過ぎたり仕事上の不平不満を口にしたりするのは厳禁です。

3 お礼の連絡

翌日は、朝一番でお礼のメールまたは電話をします。

昨日は、ありがとう
ございました。

こんなときは？

個人的に食事やお酒に誘われた

必ず上司に相談してから返事をします。誘ってきた相手が男性なら、1対1で会うのは、のちのち問題になりかねないので、やんわりとお断りを。

打ち上げの店選びを任された

人数や食べ物の好み、喫煙の有無などを考慮し、先輩などからアドバイスをもらいながら店選びをしましょう。

お酒の席でのマナー

どうして必要？

仕事関係者との酒席は、その後の関係を継続するためにも、節度あるマナーが求められます。

Goodマナー

「かたちだけ」でも乾杯を

お酒が飲めない人は、乾杯のときだけグラスに口をつけ、あとはソフトドリンクで。

気配りとしてのお酌を

お酒は、目下の者がお酌をするのがマナー。さりげなく周囲の人のグラスを観察し、空になりそうな人には「いかがですか?」とお酌をしましょう。逆に、お酌の申し出があった場合は、一度は受けるようにしましょう。

相手のグラスより低く

「乾杯」と唱和し、軽くグラスを掲げます。周囲の人とグラスを合わせる場合は、相手のグラスより自分のグラスが低くなるように。

コレはNG

- 飲み過ぎて酔っぱらう。
- 飲めない人や酔っている人に無理に飲ませる。
- 自分だけで盛り上がる。
- 人にからむ。

仕事関係者との酒席は節度と品位を忘れずに

会社の人や取引先の人とのお酒の席は、あくまでも仕事の延長。フランクな場とはいえ、友人との飲み会とは違って遊びではないことを忘れてはいけません。社会人としての**節度と品位を保ち、若手らしく気配り**しながらお酒をたしなみましょう。

ビジネスでのお酒の席は、コミュニケーションの場であり、仕事にもプラスになることがあります。必ず誘いに応じる必要はありませんが、最初から「アフター5まで仕事関係の人とつき合いたくない」「お酒は飲めないし、好きじゃない」と、断るのはもったいないことです。

お酒が飲めないなら、あらかじめ飲めないことを伝えておき、ソフトドリンクで楽しむとよいでしょう。

スマートなお酒の受け方・つぎ方

ビール

受け方　両手でグラスをもち、相手が注ぎやすい位置にグラスを差し出します。

★ひと口飲んだら、相手にもお酌します。

つぎ方　瓶のラベルを上に右手で上からもち、左手で支えて注ぐ。はじめはゆっくり注いで泡をあまり立てず、途中から勢いよく注ぎ、グラスの７分目くらいまで注いだら、あとはグラスの縁に沿って静かに注ぎます。

日本酒

受け方　右手で杯をもち、左手を添え、相手に杯を差し出します。

★ひと口飲んだら、相手にもお酌します。

つぎ方　徳利の真ん中を右手でもち、左手で支えて、杯から少し離して少しずつ注ぎます。杯の７～８分目が目安。

ワイン

受け方　グラスは手にもたず、テーブルの上に置いたまま、注いでもらいます。

★ワインはお店の給仕に注いでもらうのが正式ですが、カジュアルな店では客同士で注ぎ合うことも一般化しています。

つぎ方　ラベルを上にして片手で瓶底を包むようにして持ち、グラスに触れないようにしてゆっくりとグラスの3分の1くらいまで注ぎます。片手で注ぐのがむずかしいときは、両手で注いでもOKです。

こんなときは？

酔った相手にからまれたとき

化粧室へ行くなど、さりげなくその場から離れましょう。しつこい場合は、上司や顔見知りに対処してもらうのが賢明です。

「もう飲めない」というとき

お酌を断るには、「もう十分いただきました」と伝えながら、杯やグラスを手で覆うとよいでしょう。

グラスのもち方

●ワイングラス

グラスをもつ。ただし、ソムリエの試飲のように人指し指、中指、親指で、脚の部分をもってもOK。

●ブランデーグラス

中指と薬指の間に脚をはさみ、手のひらで支えるようにもつ。

●リキュールグラス

脚の部分を人指し指、中指、親指で、つまむようにしてもつ。

立食パーティーのマナー

どうして必要？

ビジネスにおけるパーティーでもよくあるスタイル。
立食ならではのマナーを知っておきましょう。

Goodマナー

初対面の人とも笑顔であいさつ

会場や料理の話など、会話の糸口を見つけて、周囲の人と積極的に交流を。名刺交換をして、どんな仕事をしているのかをたずねてもよいでしょう。

スピーチはきちんと聞く

主催者などのスピーチが始まったら、グラスやお皿は近くのテーブルに置き、耳を傾けましょう。スピーチ中のおしゃべりは避けます。

コレはNG

- 同僚や顔見知りなど、「内輪」でまとまる。
- イスに長時間座り込む。
- 皿からあふれるほど料理をのせる。
- 人のぶんまでとって運ぶ。

立食パーティーは社交の場 積極的に交流を

立食パーティーは「**いろいろな人と知り合うチャンス**」ととらえ、参加者の人たちと交流しましょう。

ドレスコードは、主催者側から特に提示がなければ、**ドレスアップを心がけ**ます。ビジネス関係の受賞パーティーや就任パーティーなどの場合、仕事着のスーツにアクセサリーやスカーフなどで華やかさを演出するとよいでしょう。また、パーティー中は立っていることが多いので、**足が疲れない靴**を用意することもポイントです。

会場についたら、受付を済ませ、まずは主催者にあいさつします。上司が一緒の場合、最初のうちはそのあとに続いてあいさつをし、名刺交換をします。その場の雰囲気を見て、自分から積極的に話しかけましょう。

立食パーティーでのふるまい方

必ず名刺をもつ

荷物やコートはクロークに預け、貴重品や名刺を入れた小さなショルダーバッグのみを持って会場へ。たくさんの人がいるので、大きな手提げバッグをもつのは迷惑です。

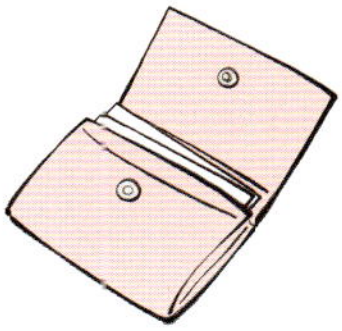

主催者にあいさつ

受付を済ませたら、主催者にあいさつをします。上司が一緒なら、最初のうちはそのあとに続いてあいさつをします。

グラスのもち方

ウイスキーや焼酎の水割りなど氷の入ったグラスは、紙ナプキンを使い、水滴がしたたり落ちるのを防ぎましょう。

取り皿には2〜3種類

料理は、1枚の皿に2〜3品を品よく盛りつけます。皿は使い回しせず、料理を取るたびに替えましょう。

料理は、「オードブルに始まりデザートへ」の順番で取り分けていくとスマート。

スマートに会話を

グラスは右手、取り皿は左手でもつのが基本。人と話すときは、グラスをもったままでOKですが、皿を近くのテーブルに置きましょう。

★空になった食器は、近くのテーブルに置けば係員が下げてくれます。皿を重ねておくのはNG。

こんなときは？

疲れたので座りたいとき

壁際に並べられたイスに座って小休止します。しかし、それらは高齢者や体の不自由な人のためのものなので、長時間の使用は避けるのがマナー。

所用で退席したいとき

立食パーティーでは退席もOK。主催者に最後までいられないことをお詫びし、そっと会場から退出します。

Point!

話題には気をつけて

パーティー会場では、楽しく会話をするのがマナー。宗教や政治の話、人のうわさ話、プライベートに深く立ち入った内容の話は、避けたほうが無難です。社交の場には、さまざまな価値観をもつ人がいるので、自分の主義主張を語るのは、その場の空気を乱すことになります。

食事の基本マナー

どうして必要？

一緒に食事をする人に不快な思いをさせず、互いに食事をおいしくいただき、気持ちよく過ごすため。

Goodマナー

姿勢よく座って食べる

イスには背すじを伸ばして座りましょう。姿勢が悪かったり、足を組んだりするのは、行儀がよくありません。

周りと食べるペースを合わせる

飲食は周りの人のスピードに合わせるのが基本。自分だけさっさと食べ終えると、手持ち無沙汰になりますし、同席者をせかすことにもつながります。

携帯電話はオフor マナーモードに

店で食事をするときは、できれば電源をオフにするか、マナーモードにします。どうしても使わなくてはいけないときは、料理が出る前のタイミングを見計らい、「申し訳ありません」とひと言添えて、店外やロビーなどで。

コレはNG

- 食事中、スマホや携帯電話をいじる。
- 音を立てて食事をする。
- テーブルに肘をついて食事をする。
- 黙って席を立つ。

美しいふるまいで食事を気持ちよく

食事のマナーは、**同席する人に不快な思いをさせないのが基本**。ビジネスの場に限らず身につけておくべきマナーです。テーブルマナーだけでなく、「食べ物を口に入れたまま話さない」「大声で話したり笑ったりしない」など、食事相手や周囲の人に対する基本マナーも守りましょう。

　また、洋食、和食、中国料理それぞれの基本マナーを知っておくと、いざというときにあわてません。日常生活の食事で、実践を積んでいきましょう。大人の女性としてマナーにのっとった行動ができることは、自信にもつながります。

　最近では、料理写真をSNSにあげる人も多いですが、店の人や同席者に了解を得るなどの配慮が必要です。

スマートな食事のしかた

食べ物を口に運ぶときは、皿や碗、懐紙を使う

和食を食べるときに、料理を落とさないよう左手を皿のように添える人が少なくありませんが、日本料理の作法としてはNG。和食の場合は、皿や椀をもって食べます。または懐紙を使います。

✕ 左手を箸の下に添える手皿

ナプキンは二つ折りしてひざに

テーブルにセッティングされているナプキンは、食前酒やワイン、食事が運ばれてきたら、ひざの上に広げます。手前が輪になるよう二つ折りにするのが基本。口元や指を拭くときは、ナプキンの端の裏側で。

✕ ナプキンを全部広げる

✕ ナプキンでテーブルの汚れをふく

グラスに口紅がついたときは、まず指でぬぐい、指をナプキンで拭く。

お茶を出されたときのマナー

「どうぞ」を待っていただく

出されたお茶にすぐ手を出すのは無作法。「どうぞ」と促されてからいただきます。

日本茶は両手で

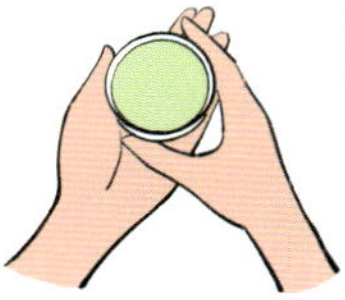

茶碗を片手で持つのはマナー違反。一方の手でもち、片手を添えていただきます。

コーヒーは片手で

ソーサー（皿）はテーブルに置いたまま、カップを片手で持ち上げていただきます。カップの底にもう一方の手を添えるのはタブーです。

ふたつき茶碗の場合

❶しずくを茶碗内に落とし、裏側を上に向け右に置く。

❷飲み終えたら、ふたを元に戻す。

※飲み終わらなくても、打ち合わせなどが終わって席を立つ前にふたをする。

こんなときは？

トイレに行きたいなど中座したいとき

2時間ほどの食事の間は、トイレには立たないのがマナーです。ただし、どうしても席をはずすときは、運ばれてくる料理の合間を見計らって、「申し訳ありません、ちょっと失礼いたします」と、ひと言断ってからにしましょう。

和食のマナー

どうして必要？

会席料理に招待されたときでも困らない、基本マナーを知っておきましょう。

Goodマナー

正しい箸づかいをする

和食のマナーのポイントは、正しい箸づかいです。使い方次第で上品にも下品にもなります。

箸の取り上げ方

1. 右手（利き手）の人指し指と中指、親指で箸の中央あたりを上から取り上げる。
2. 左手を箸の下に添える。
3. 右手を箸に沿って右に移し、鉛筆をもつよう、もち替える。
4. 左手を離して右手でもつ。

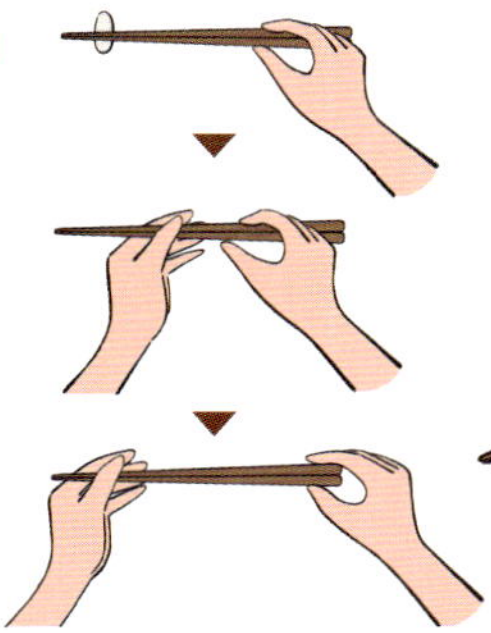

正しい持ち方

親指、人指し指、中指で上の箸を軽くもち、薬指を添える。

コレはNG

- **移り箸**：いったん箸をつけたのに食べず、ほかの料理に箸を向ける。
- **迷い箸**：「どれを食べようか」と箸をあちこちにさまよわせる。
- **寄せ箸**：箸で器を引き寄せる。
- **刺し箸**：料理に箸を突き刺して食べる。
- **涙箸**：箸でつまんだ料理から汁をたらしながら口へ運ぶ。
- **ねぶり箸**：箸についたものをなめ取る。
- **渡し箸**：箸置きを使わず、器の上に箸を置く。

一目置かれるきれいな箸づかい

和食マナーのポイントは、箸です。箸づかいには、やってはいけないタブーがいくつかあります。それをふまえて、**美しい箸づかいをマスター**しましょう。

日本料理店で一般的に提供されるのは、お酒を楽しむ会席料理。全品を一度に配膳する形式と、洋食のフルコースのように献立に従って一品ずつ運ぶ形式があります。前者の場合は、全品をまんべんなく食べていきます。また、右手にある器は右手で、左手にある器は左手で取ること。さもなければ膳の上を腕がまたぐことになり、袖が料理に触れる恐れがあります。これは「袖越し」と呼ばれるNGマナー。一方、料理が一品ずつ運ばれる形式では、食べるペースを同席者に合わせ、配膳がスムーズに進むように心がけます。

和食のスマートな食べ方

椀や飯碗、小皿は手にもって食べる

フレンチなどの洋食は器を手にもたないのがマナーですが、和食の場合は小ぶりの器は手にもって食べるのがマナーです。中皿以上の器は置いたまま食べます。

持ってOKの器

汁椀
ごはん茶碗
どんぶり
茶碗蒸しの器
つけ汁の器
刺身などのしょうゆ皿
酢の物の小鉢 など

会席料理のコース 一般的な流れ

先付(前菜)・食前酒	煮物
▼	▼
吸い物	揚げ物
▼	▼
刺身	食事(ご飯・味噌汁・香の物)
▼	▼
焼き物 →	甘味(デザート)

※会席料理はお酒を楽しむためのコース料理であり、ご飯が出るまではお酒とともに食すのが一般的です。

Happy Step

和室の作法

和室では、敷居や畳のへりを踏んだり、座布団をまたいだり、踏んだりしてはいけません。

座布団に座るときは、両手のこぶしをつきながら、少しずつ座布団ににじり寄って上がります。できれば正座がベストですが、「どうぞ足を崩してください」と言われたら、「失礼します」とひと言断ってお客様や目上の人とは反対方向に足を崩しましょう。

尾頭付きの魚の食べ方

1 上身を頭のほうからほぐしながら食べる。
※身がほぐしにくいときは、懐紙で頭を押さえながら行うとよい。

2 箸で中骨をはずし、皿の向こう側に置いてから下身を食べる。

✕ 魚をひっくり返して食べるのはNG。

ふた付き椀の扱い方

1 左手を椀に添え、右手でふたをもって開ける。椀の上でふたの水滴を落とす。

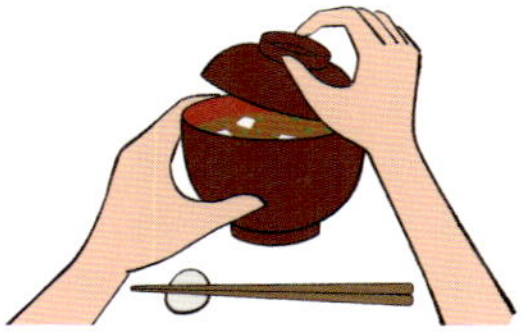

2 右手で取ったふたに左手を添え、内側を上にして両手で右側に置く。

✕ ふたをふせて置くのはNG。

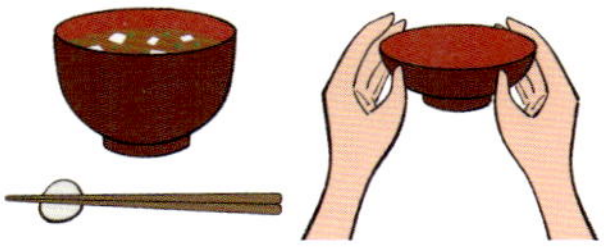

3 食べ終わったら、ふたをする。ふたの内側を上にするのはNG。

洋食のマナー

どうして必要？

料理を楽しむためにも、フルコースでのカトラリーの使い方やNGマナーを知っておきましょう。

Goodマナー

大きな音を立てない

食事のときに音を出すのはマナー違反。スープをズルズルとすすったり、食器類を音を立てて使ったりするのはNG。会話も周囲に迷惑にならない程度のトーンで。

座るときも立つときもイスの左側から

洋室は右側が上位なので、立ち座りは左側から。店の人がイスを引いたら、イスの左側からイス前に立って正面を向いて座り、立つときも左側から立ちます。

バッグは背とイスの間に

バッグをイスにかけたり、テーブルの上に置くのはNG。背に置きましょう。荷物がいくつかある場合は、クロークか店に預けるとよいでしょう。

コレはNG

- 携帯電話やバッグなどをテーブルの上に置く。
- 足を組んで座る。
- 落としたカトラリーを自分で拾う。
- 熱いものを「フーフー」しながら食べる。

会話を楽しみながら周囲に合わせたペースで

フルコースで、全てのカトラリー(ナイフ、フォーク、スプーンの総称)がセットされている場合、基本的には「左右に並んでいるものは外側から」「前方に並んでいるものは奥のほうから」使えばＯＫです。なお、うっかりフォークやナイフを落としてしまっても、自分で拾ってはいけません。店の人(給仕)を呼び、新しいものをもらいましょう。

フルコースでは、食べ終わるのを待って、次の料理が出されます。**食べるスピードを周囲の人に合わせて「流れ」を滞らせない**ことも大切です。

また、格式の高いフランス料理店などでは、料理のシェアはしてはいけません。さらにワインを自分でつぐのもＮＧ。店の人に任せましょう。

スープ・パンの食べ方

スープは音を立てずに

スプーンで手前から向こうへすくい、音を立てずにいただきます。食べるような感覚だと、すすらずにすみます。スープが残り少なくなったら、片手で皿を傾けてすくいます。

★スープを手前から向こうにすくうのはイギリス式、向こうから手前にすくうのはフランス式で、どちらでもかまいません。また、残り少ないスープを傾けるのも、手前でも向こう側でもOK。

パンはひと口大にちぎって食べる

パンは、ひと口大にちぎってバターをつけ、ひと口で食べます。オリーブオイルにつけて食べる場合も、同様です。

★自分で取ったパンは、残さないこと。パンくずはそのままにしておきます。

ナプキン、ナイフ&フォークのサイン

ナプキン

（中座するとき）
イスの上に置く。

（退席するとき）
軽くたたんでテーブルの上に置く。

こんなときは？

ブロシェット（串焼き料理）のとき

左手で串をもち、右手にもったフォークで、肉や野菜などを全てはずします。それをひと口大に切って食べます。串ごとかぶりつくのはNG。

フィンガーボールを使うとき

片手ずつ親指、人指し指、中指をボウルに入れて洗い、ナプキンで拭きます。両手を入れては洗いません。

ナイフ&フォーク

「まだ、お皿を下げないでください」
皿の上に「ハの字」（フォーク・左／ナイフ・右）に置くと、まだ食事の途中という意味に。

「ごちそうさまでした」
フォーク（左）とナイフ（右）をそろえておく。ナイフの刃は内側にする。
★日本では一般的に4時の方向。

中国料理のマナー

どうして必要？

なごやかに食事を楽しむためにも、中国料理特有の円卓のルールやマナーを知っておきましょう。

Goodマナー

時計回りにゆっくりと

ターンテーブルは時計回りにゆっくりと回します。回すときは、他の人が取り分けている最中ではないか確認を。自分の前に料理が回されてきたら、左側の人に「お先に」と、ひと言添えるとていねいです。

取り皿はテーブルに

ターンテーブルの上に、自分の取り皿やグラスを置いたり、使った取り皿を置いてはいけません。

コレはNG

- ターンテーブルを左右に回す。
- 立ち上がって料理を取る。
- 使い終わったお皿や空になったビール瓶をターンテーブルに置く。
- 人のぶんも取り分ける。

料理は主賓から取る

主賓から時計回りに料理を一人ずつ取っていきます。よかれと思って、他の人のぶんをとるのはかえってマナー違反になります。

主賓もセルフサービスで料理を取る

中国料理は、ターンテーブルのついた円卓で食事をするのが一般的です。大皿料理を、**ターンテーブルを時計回りに回しながら、一人ずつ取ります**。

接待や目上の人が一緒だと、ついその人のぶんを取り分けてしまいがちですが、中国料理ではNG。**たとえ主賓《しゅひん》でも自分で料理を取るのがマナー**です。

料理が円卓に運ばれたら、まず主賓から料理を取ってもらいます。主賓の左側の人からターンテーブルをゆっくり時計回りに回しながら料理を取ります。料理を取る際は、全員に行き渡るように取る量を考えましょう。

また、取り皿は味が混ざらないよう、料理ごとに替えます。皿が足りなくなったら店の人にもってきてもらいましょう。

中国料理の食べ方

小皿を手にもって食べない

手にもって食べてよい器はごはん茶碗だけです。小皿もスープ鉢もテーブルに置いたまま食べます。

★箸は、縦にセッティングされているのが正式です。その場合は、食事中はセッティングと同じように縦に、食事を終了したら横向きに置きます。

れんげのもち方

正式なもち方は、溝に人差し指を入れ、親指と中指ではさむというもの。用途も、スープはもちろん、麺類や小籠包《しょうろんぽう》を食べる際にも使います。

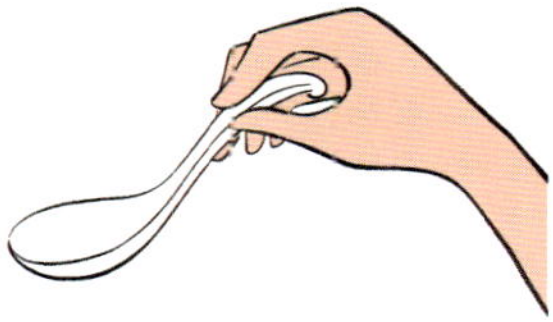

小籠包《しょうろんぽう》の食べ方

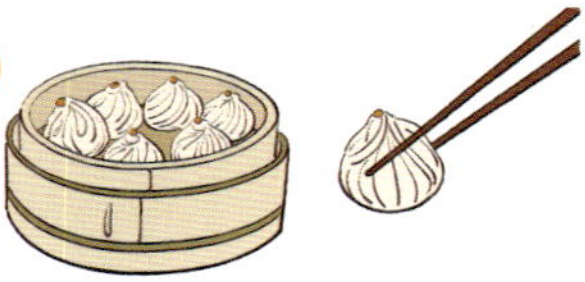

れんげにのせ、黒酢などをつけ、箸で皮を少し破って中のスープを吸う。それから皮と具を一緒に食べます。

麺類の場合

スープのある麺類は、レンゲを小皿代わりにしていただきます。このとき、音を立てて麺をすすらないようにします。

こんなときは？

包子《パオズ》を食べるとき

包子（中華まん）などのまんじゅうは、手で半分に割ります。その半分をひと口大にしてから食べます。1個を丸ごと食べるのはNGです。

シュウマイを食べるとき

大きいシュウマイ（焼売）は、箸でひと口大にしてから食べます。箸を突きたてて丸ごと食べてはいけません。

円卓の席次

出入り口から最も遠いところが上座、出入り口に最も近いところが末席です。取引先の人や目上の人が上座になります。そして、上座の左側が2番目の人、右側が3番目の人となります。主催者側や新人は主賓や上司の正面に座ると覚えておくとよいでしょう。

結婚式のマナー

どうして必要？

お祝いの気持ちを表すには、伝統的なしきたりに沿うのが一番です。おめでたい席に失礼のないマナーを。

Goodマナー

受付での祝儀袋の渡し方

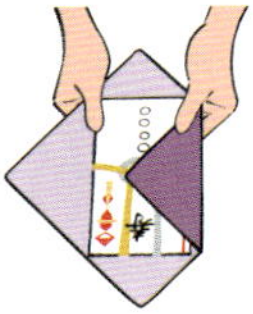

ふくさから祝儀袋を取り出す。

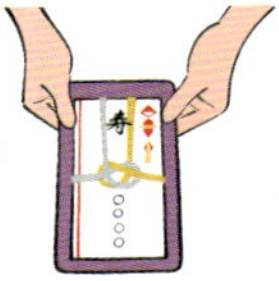

たたんだふくさの上に祝儀袋を置き、相手に正面を向けて祝儀袋を差し出す。

慶事のふくさの包み方

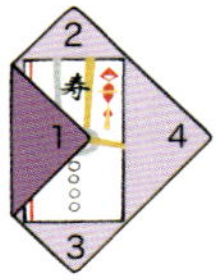

※逆に包むと、弔事（お葬式）になるので気をつけましょう。

はさみふくさの場合（慶事）

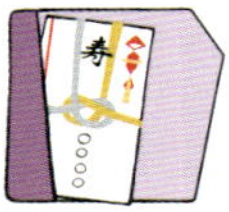

コレはNG

- 招待状の返事を出さない。
- 蝶結びの祝儀袋。
- 祝儀袋に名前をボールペンで書く。
- ふくさに包まず、バッグから祝儀袋を出す。

お祝い金は祝儀袋に入れふくさに包んで持参

受付では「本日はおめでとうございます」と述べ、お祝い金を渡し、芳名帳に記入します。

しきたりに沿ったふるまいをする

結婚式、披露宴の招待状が届いたら、**出欠はがきをできれば2～3日中に、遅くとも1週間以内に出しましょう**（書き方は157ページ参照）。

当日は、フォーマルな装いで出席します。祝儀袋は包むお金に見合ったものを選びます。2～3万円を包むなら、金銀の水引を結び切りにした基本の祝儀袋でよいでしょう。友人なら最近のかわいいデザインの祝儀袋を選んでも。

受付では、「本日はおめでとうございます」と祝福の言葉を述べて、お祝い金を渡し、芳名帳に名前を書きます。

なお、祝儀袋は必ずふくさ（小さな風呂敷のようなもの）に包み、受付では祝儀袋をのせて渡します。大人の女性として、ふくさは用意しておきましょう。

祝儀袋の決まりごと

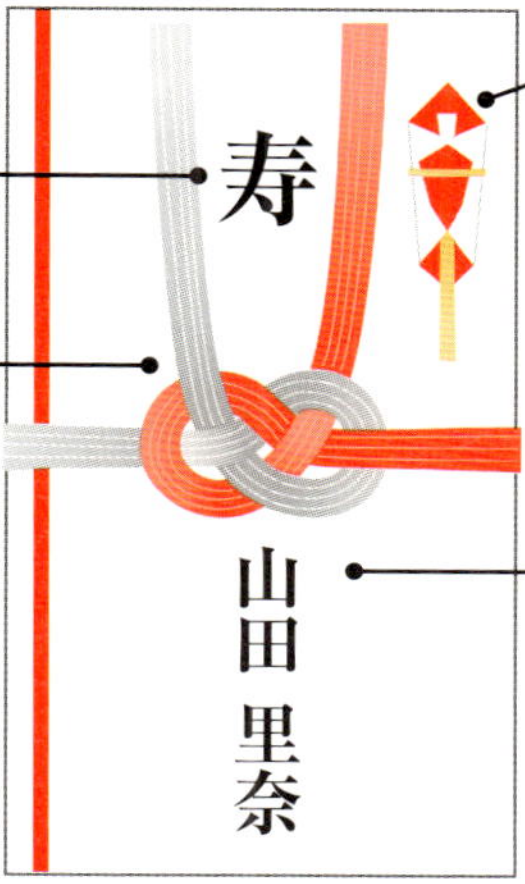

表書きは「寿」や「御祝」

「寿」は最も格調高いので、ビジネス関係ではこれがベストです。

水引は結び切り

金銀や紅白の水引の「結び切り」にします。一度結ぶと、ほどけない結び方です。

NG「蝶結び」は、何度でも結び直せるので結婚祝いの祝儀袋には使いません。

のしつき

お祝いごとには必ずのしをつけます。

新札を用意

新札は向きをそろえて中袋に入れます。

名前はフルネームで

毛筆や筆ペン（黒）、サインペン（黒）のいずれかで、水引の下の中央にバランスよく氏名を書きます。

中袋

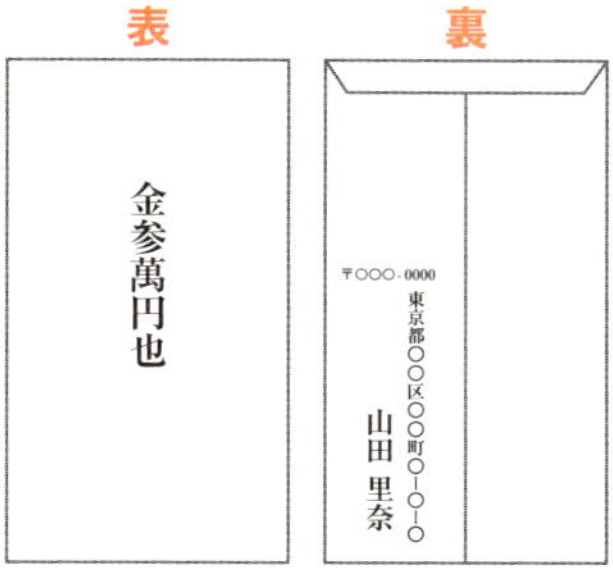

中央に金額を書きます。数字は「壱、弐、参」が正式ですが「一、二、三」でもかまいません。

住所と氏名を書きます。

裏側

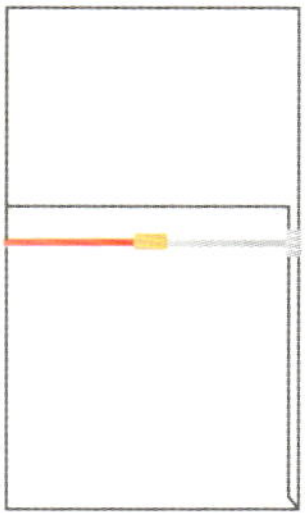

下側の折り目が上になるようにします。逆にすると「不祝儀」となるので注意しましょう。

こんなときは？

会費制のとき

受付では、おつりがないように決められた金額を渡します。会費とは別にお祝いのお金や品物を用意したいときは、日をあらためて渡しましょう。

急に欠席するとき

ただちに先方に連絡します。前日や当日など直前であれば、披露宴会場の調整ができません。後日、出席したと同等のお祝い金をお詫びの言葉を添えて渡しましょう。

お祝い金の目安

昔から奇数は「吉」、偶数は「凶」とされていましたが、「2」はペア、「8」は末広がりという意味があるのでよい数字とされています。

	20代	30代
上司・先輩	3万円	3万円
同僚・後輩	2〜3万円	2〜3万円
友人	2〜3万円	3万円
兄弟姉妹	5万円	5〜10万円

披露宴の装い

洋装

結婚式のスタイル（ホテル、結婚式場、ガーデンなど）によりますが、洋装の基本としては、昼と夜ではドレスコードが違います。

昼

※夕方5時くらいまで

エレガントなスーツやワンピースが定番。肌を露出するもの、ラメ素材などの光り物は避けます。

夜

肌を露出したロング丈のイブニングドレスなど。ラメ素材もOK。光るアクセサリーで華やかさを演出してもよいでしょう。

披露宴でこんな靴はNG

つま先やかかとが出るタイプの靴、ブーツはカジュアルに見えます。

こんなときは？

平服と案内されたとき

これは、正装でなくてかまいませんという意味。平服＝普段着ではありません。スーツやワンピースなどで行くのが無難です。

二次会だけ行くとき

披露宴ではないので、正装する必要はありませんが、Tシャツやデニムは NG。ある程度おしゃれしていきましょう。

和装

ミスは振り袖が正装ですが、華やかな訪問着でも。

スピーチの構成例（同期の場合）

1 お祝いの言葉

「彩香さん、俊輔さん、ご両家の皆様、本日はおめでとうございます」

2 自己紹介

「私は新婦の彩香さんと同期入社の鈴木と申します」

3 新婦（新郎）の人となり、エピソード

「彩香さんは、会社ではリーダー的存在で、私はいつも頼ってばかりです。しっかり者のイメージが強かったので、一緒に旅したときにナビをお願いしたら、意外と方向音痴でびっくり。でも、そのお蔭でおいしい店を発見しましたね……」

4 はなむけの言葉

「ぜひ、楽しいご家庭を築いていただきたいと思います」

5 結び

「本日はお招きいただき、ありがとうございました。彩香、本当におめでとう！」

明るいエピソードを

明るく笑顔になる、心あたたまる話をしましょう。暴露話や、元カレのことなど過去の恋愛話はタブー。ときにユーモアを交えながら話しましょう。

目線は招待客のほうへ

お祝いの言葉を述べるときは新郎新婦に顔を向けますが、そのほかは列席者のほうを向いて話します。緊張するでしょうが、「はっきり発音し、ゆっくり話す」を心がけましょう。

＼言ってはいけない！／ 忌み言葉

別れを連想させる言葉

切る／切れる／別れる／分かれる／離れる／遠ざかる／破れる／去る／出る／帰る／割れる／冷える など

繁栄しないイメージの言葉

途絶える／つぶれる／衰える／閉じる／終わる／欠ける／流れる／枯れる／滅びる／はかない など

不幸・不吉なイメージの言葉

苦しい／薄い／失う／病む／死／最後／無 など

再婚を暗示する言葉

たびたび／返すがえす／しばしば／再び／重ね重ね／二度三度／繰り返す／重々／重なる／皆々様

コレはNG

- スピーチが長過ぎる。
- 話にまとまりがない。
- なれなれしい口調、若者言葉で話す。
- 暴露話や悪口。
- 身内にしかわからない話。

Point!

スピーチ中は静かに

列席者がスピーチをするときは、いったん食事の手を止めて、耳を傾けるようにしましょう。スピーチ中に関係ない話で盛り上がったり、大声で笑ったりするのはマナー違反です。

通夜、葬儀・告別式のマナー

どうして必要？

悲しみのセレモニーだからこそ、失礼のないお悔やみのしかたを身につけておきましょう。

Goodマナー

読経中は席を立たない

僧侶が読経している間に席を立ったり、おしゃべりをしたりするのは慎みましょう。また、葬儀・告別式では遺族や知人・友人と顔を合わせても立ち話はせず、目礼にとどめます。あいさつをしたいときは、出棺後にします。

弔問の不祝儀袋の表書きは「御霊前」

表書きは、「御霊前」とすれば宗教を問わずに使えます。ただし、浄土真宗の場合、葬儀の際は「御仏前」の表書きにします。

コレはNG

- お悔やみを言わない。
- 死因についてたずねる。
- 通夜ぶるまいで騒ぐ。
- 取引先からの訃報のFAXや電話を上司に報告しない。

お悔やみの言葉を述べる

訃報《ふほう》を受けたとき、通夜、葬儀・告別式での受付では、「ご愁傷様でした」「心からお悔やみ申し上げます」などお悔やみの言葉を述べます。

不祝儀袋はふくさに包んで

弔事のふくさの包み方（左ページ）で不祝儀袋を包んで、受付でお悔やみの言葉を述べた後に取り出して差し出します。

訃報を受けたらまずはお悔やみの言葉を

不幸があった上司や同僚、取引先などから**訃報を知らせる電話を受けたときは、まずお悔やみの言葉を述べましょう**。そのときに死因などをたずねるのはタブーです。

職場の人の身内が亡くなったときは、部署単位で香典を包み、代表者が葬儀に出席するのが一般的です。友人や同僚の父母や、お世話になったつきあいの長い上司本人が亡くなった場合、個人で香典を包むなら5千円が目安とされています。また、通夜は本来、身内だけが集まり故人を忍ぶものでしたが、最近は広く弔問者を招くので、通夜だけに出席してもかまいません。

取引先の担当者から訃報が届いたら、必ず上司に報告して、会社の対応を決めてもらい、それに従いましょう。

不祝儀袋の表書き

宗派を問わない表書きは「御霊前」

仏式（浄土真宗を除く）、神式、キリスト教式（カトリック）に使えます。

ふくさの包み方

左前に包みます。

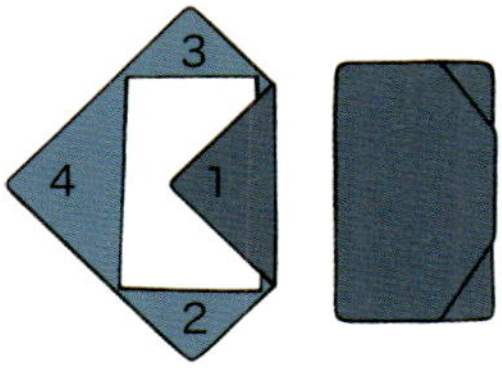

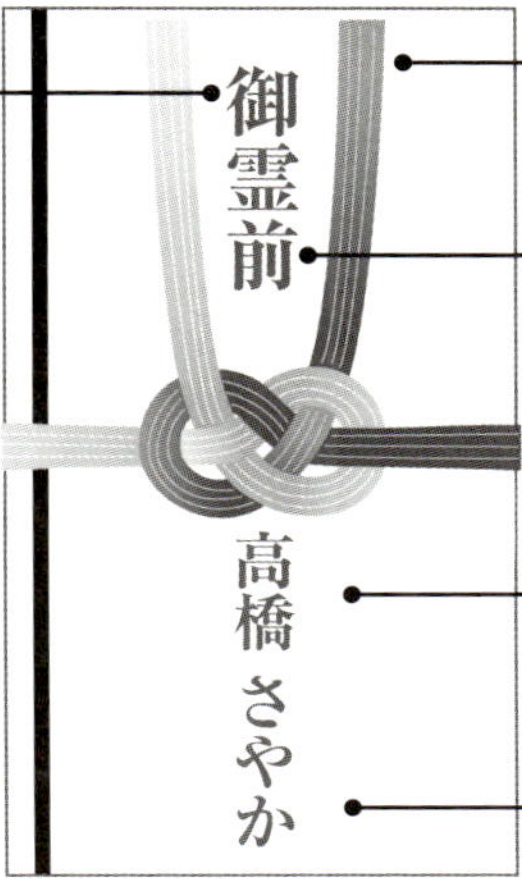

水引は白黒か双銀の結び切り

表書き、名前は薄墨で

表書き（印刷されていない場合）、氏名は、薄墨の毛筆または薄墨の筆ペンで書きます。薄墨を使うのは、悲しみで墨がにじんでしまったことを表します。

名前はフルネームで

連名の場合

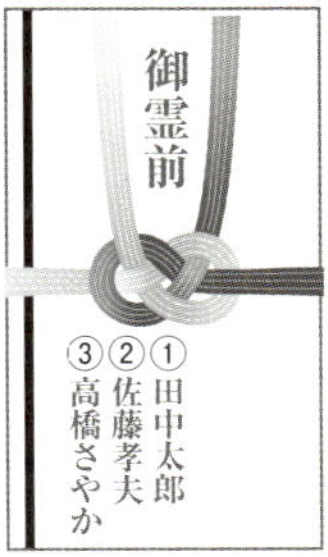

- 3名までなら中央から左へ氏名を並べて書く。目上順に①②③と薄墨の毛筆または筆ペンで書く。
- 3名以上なら、中央にいちばん目上の人の名前を書き、左横に氏名よりも小さく「外一同」と薄墨の毛筆または薄墨の筆ペンで書く。

仕事関係者

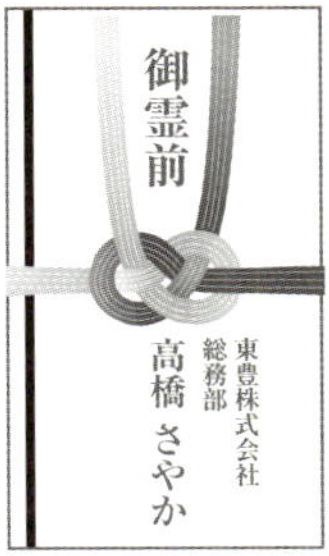

- 中央に氏名、その右側に会社名と所属を薄墨の毛筆または薄墨の筆ペンで書く。

「お別れの会」「忍ぶ会」の表書きは、白封筒に普通の墨で「志」にします。

宗教別の表書き

神式

水引▷黒白または双銀の結び切り。

※蓮の花のデザインの不祝儀袋は、仏式なのでNG。

表書き▷「玉串料」「御榊料」「神饌料」「御神前」。

キリスト教式

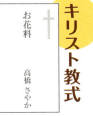

水引▷不要。百合の花や十字架のついた不祝儀袋または白い封筒。

※蓮の花のデザインの不祝儀袋は、仏式なのでNG。

カトリック、プロテスタント共通の表書き▷「お花料」「御花料」。

仏式

水引▷黒白または双銀の結び切り。蓮の花のデザインの不祝儀袋でも。

表書き▷「御霊前」「御香料」「御香典」。

※浄土真宗の場合、葬儀では「御仏前」とする。

通夜、葬儀・告別式の装い

通夜

本来、「急ぎ駆けつけた」ということで、地味な平服でもかまいません。しかし最近では、通夜でも喪服を着用するのが一般的です。

コレはNG

- 派手なメイク、マニキュア。
- ミニスカート。
- 黒の網タイツ、素足。
- サンダルやブーツ、金具のついた靴。
- 二連ネックレス（不幸が重なるという意味で）。
- きつい香水。

葬儀・告別式

喪服を着用します。

アクセサリーはつけない

結婚指輪以外のアクセサリーはつけないのが正式。真珠のネックレス、イヤリングなどはつけてもOKですが、ネックレスは必ず一連にします。

喪服以外も黒で統一

ストッキング、靴、バッグは全て黒にします。靴は、飾りや金具のないプレーンなパンプスに。

弔電のマナー

弔電は葬儀前日までに喪主あてに送る

弔電は、葬儀の前日までに出すのがマナーです。右記を確認し、葬儀・告別式が行われる自宅か斎場に送ります。

- 住所（自宅または斎場）
- 喪主の名前（社葬の場合は社名も）
- 送る日時（申込み時間によっては翌日の配達になることがあるので、到着時間も確認）

弔電の打ち方

●電話（局番なしの115・受付時間は8時～22時）

ハローページ（電話帳）に記載されている弔電の文例が参考に。

●郵便局窓口

専用の原稿用紙に記入する。窓口にある文例を参考に。

※郵便局の電報サービスには電話（0120-953953・通話無料・受付時間は8時～22時）もある。

●インターネット（24時間）

D-MAIL（電話会社の電報サービス）や、日本郵便のWebレタックスから文例を選ぶ。

お悔やみ文例（上司の父親が亡くなった場合）

ご尊父様のご逝去の報に接し、謹んでお悔やみを申し上げますとともに、心からご冥福をお祈りいたします。

弔電で用いる敬称

喪主との関係	故人の敬称	喪主との関係	故人の敬称
実父	ご尊父《そんぶ》様、お父様	配偶者	ご主人様/ご令室様
実母	ご母堂《ぼどう》様、お母様	兄弟	ご令兄《れいけい》様/ご令弟《れいてい》様
妻の父	ご岳父《がくふ》様	姉妹	ご令姉《れいし》様/ご令妹《れいまい》様
妻の母	ご岳母《がくぼ》様、ご丈母《じょうぼ》様	息子/娘	ご令息様/ご令嬢様

忌み言葉

弔電はもちろん、遺族と話すときは、言葉づかいに細心の注意をはらいましょう。

●不幸が続くことをイメージする言葉

重ねて／再び／続いて

●重ね言葉

かえすがえすも／重々／たびたび／いよいよ

●死を直接的に表現する言葉

死／死亡／死去

お別れの作法

仏式 ●立例での焼香

★数珠はなくてもOK。つける場合は左手に。

1 僧侶、遺族に一礼し、祭壇の前に進み、遺影に向かって一礼する。

2 右手の親指、人指し指、中指で抹香をつまみ、目の高さまで上げる。

3 抹香を静かに香炉にくべる。焼香の回数は1～3回が一般的。
※宗派によって異なる。

4 遺影に向かって合掌し、故人の冥福を祈る。一歩下がって僧侶と遺族に一礼し、席に戻る。

神式 ●玉串奉奠《たまぐしほうてん》

1 遺族、神官に一礼し、斎員から玉串の枝先を左手で下から、根元を右手で受け取り、神前に進み、深く頭を下げる。

2 玉串を時計回りに90度回転させ、左手をそのまま根元のほうまで下げる。

3 左手で玉串の中央を下から支え、時計回りに90度回転させ、葉が右、根元が左になるようにする。

4 さらに時計回りに90度回転させ、根元を祭壇に向けて供える。2回礼をし、音を立てないしのび手で2拍手し、一礼。下がってから遺族と神官に一礼する。

キリスト教 ●献花

1 遺族に一礼し、花を受け取る。右手は手のひらを上にして花をもち、左手で茎をもつ。

2 献花台前で一礼し、右手を手前に引き、献花台に茎のほうを向ける。

3 両手の手のひらを上にし、花をそっと献花台に供える。

4 祭壇に向かって一礼した後、遺族や神父または牧師に一礼する。

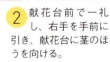

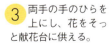

贈り物のマナー

どうして必要？

相手を恐縮させない、互いにハッピーになれるマナーをおさえておきましょう。

Goodマナー

ひと手間かける

結婚祝いや出産祝いなどは、キュートなラッピングをしたり、メッセージカードを添えたりすると喜ばれるでしょう。

できるだけ相手が望むものを贈る

気持ちを形にする贈り物は、相手が必要としているものを贈るのがいちばん。同じものが重ならないよう、あらかじめ欲しいものをリサーチして贈るとよいでしょう。その場合は、色などの細かい部分も確認しておくと喜ばれます。

お祝いや慰労などの言葉を述べる

「このたびはご結婚おめでとうございます」「長い間、本当にお疲れさまでした」と述べてから、贈り物を差し出します。

コレはNG

- あまりに高額な品を贈る。
- 縁起が悪いとされているもの（左ページNG参照）を贈る。
- 勝手に贈り物をおしつける。

「あげたい品」ではなく「喜ばれる品」を

職場の先輩や同僚の結婚や出産に際して、お祝いの品物を贈る機会もあるでしょう。

贈り物を選ぶのは楽しいものですが、**大事なのは「何を贈ったら喜ばれるか」という視点をもつこと**。自分がよいと思った品でも、もらう側はどうかわかりません。**できれば、相手の希望を聞いて渡すのがベスト**。また、同じ部署のメンバーやグループでお金を出し合えば、一人で贈るのは無理なものでも贈ることができます。最近は配送で贈ることも少なくありませんが、**手渡しで贈る際は、お祝いなどの言葉を添えましょう**。

上司や先輩へ、どんなにお世話になっている人でも、高価なもの、あまりにプライベートな品を贈るのはNG。常識的な範囲で、相手が喜ぶものを贈りましょう。

社内での贈り物のマナー

結婚祝い

贈り物が重なるのを避けるためにも、直接何が欲しいかたずねるのがベスト。結婚披露宴に招待されている場合は、贈らなくてもかまいません。

★披露宴に呼ばれていない場合は3,000円～1万円。相手の望むもの。

かけ紙・祝儀袋

水引は紅白の結び切り。表書きは「寿」「御結婚御祝」など。

NG「切る」「割れる」をイメージする、包丁やハサミ、鏡、陶磁器など。

昇進・栄転・定年退職

社内の慣習に従うのが基本。部内や有志でお金を出し合って贈ることが多いようです。

★500円～。花束、お菓子。

かけ紙・祝儀袋

昇進・栄転 ▷水引は紅白の蝶結び。表書きは「御祝」
定年退職 ▷水引は紅白の蝶結び。表書きは「御礼」

こんなときは？

お中元とお歳暮を贈るとき

お中元やお歳暮は、目下から目上に贈るもの。新入社員が上司に贈る必要はありませんが、お世話になった方などに贈りたいときは、時期の確認を。

- お中元⇒7月上旬～7月15日
- お歳暮⇒11月下旬～12月20日
- デパートから配送する場合
  日頃のお礼を述べた礼状を出して、品物を別便で送ったことを伝えるとよいでしょう。
- 金額　3,000円～5,000円。

出産祝い

生後1週間から1カ月後くらいの時期に贈ります。服は、少し大きくなってから着られるものに。ただし、その時期の季節も考慮して選びましょう。

★3,000円～5,000円。ベビー服、おもちゃ、おむつなど

かけ紙・祝儀袋

水引は紅白の蝶結び。表書きは「御出産祝」、「御祝」など。

病気見舞い

本や雑誌を贈るのが一般的。またはお見舞金を包みます。

★5,000円～1万円。本、タオル、病院のテレビカードなど。

かけ紙・祝儀袋

水引・のしなしの場合が多い。表書きは「御見舞」

NG 生花持ち込み禁止の病院が多い。自宅療養で花を贈る場合も、根つくが「寝つく」につながるとして鉢植え、花首から落ちる椿、散りやすいケシ、葬儀に使われる菊は避ける。

バレンタイン

職場の慣例に従うのが基本です。部署内やグループでお金を出し合って贈ることが多いようです。同僚と足並みをそろえるほうが無難。なお、ホワイトデーにお返しをもらったときは、必ず「ありがとうございます」とお礼を述べましょう。

★500円～1,000円。

◉監修者　松本昌子（まつもとあつこ）

ビジネスマナー講師

愛知県生まれ。営業職の傍ら、司会養成学校に通い司会業に従事した後、コーチングも学ぶ。2006 年ビジネスマナーとコーチングを専門にした人材開発研修講師に就任。2012 年より株式会社 Woomax にて新入社員研修から管理職研修、女性社員向けキャリア&ライフデザイン研修など、企業研修・コンサルティングの講師として社員教育に取り組んでいる。現在、NPO 法人こどものみらいプロジェクト ゆめドリ理事としても活動中。著書に『ゼロから教えて ビジネスマナー』（かんき出版）がある。

◉Staff

デザイン	可野佑佳
イラスト	RYUKO、pai、 Akihisa Sawada、五十嵐亨
校　正	くすのき舎、鷗来堂
編集協力	株式会社フロンテア
編集担当	澤幡明子（ナツメ出版企画株式会社）

本書に関するお問い合わせは、書名・発行日・該当ページを明記の上、下記のいずれかの方法にてお送りください。電話でのお問い合わせはお受けしておりません。

・ナツメ社 web サイトの問い合わせフォーム
https://www.natsume.co.jp/contact

・FAX（03-3291-1305）

・郵送（下記、ナツメ出版企画株式会社宛て）

なお、回答までに日にちをいただく場合があります。正誤のお問い合わせ以外の書籍内容に関する解説・個別の相談は行っておりません。あらかじめご了承ください。

女《じょ》性《せい》のビジネスマナー パーフェクトブック

ナツメ社Webサイト
https://www.natsume.co.jp
書籍の最新情報（正誤情報を含む）はナツメ社Webサイトをご覧ください。

2017年 2 月 9 日発行
2023年 7 月10日第10刷発行

監修者　松本昌子《まつもとあつこ》　　Matsumoto Atsuko, 2017
発行者　田村正隆
発行所　株式会社ナツメ社
東京都千代田区神田神保町1-52　ナツメ社ビル 1F（〒101-0051）
電話　03-3291-1257（代表）　FAX 03-3291-5761
振替　00130-1-58661
制　作　ナツメ出版企画株式会社
東京都千代田区神田神保町1-52　ナツメ社ビル 3F（〒101-0051）
電話　03-3295-3921（代表）
印刷所　ラン印刷社

ISBN978-4-8163-6165-4　　Printed in Japan

（定価はカバーに表示してあります）（乱丁・落丁本はお取り替えします）